Literaturberge, Lorbeerkränze und Halbgötter

Lust- und frustvolle Geschichten rund ums Promovieren

Berenkamp

Nadja M. Köffler
Evi Agostini & Livia A. J. Rößler

(Hrsg.)

Literaturberge, Lorbeerkränze und Halbgötter

Lust- und frustvolle
Geschichten rund ums Promovieren

Berenkamp

Berenkamp

Alle Rechte vorbehalten
© 2017
Berenkamp Buch- und Kunstverlag
Wattens–Wien
www.berenkamp-verlag.at
ISBN 978-3-85093-340-7

Gedruckt mit freundlicher Unterstützung
des Amtes der Tiroler Landesregierung, Abteilung Kultur

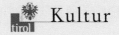 Kultur

Bibliographische Information der Deutschen Bibliothek

Die Deutsche Bibliothek verzeichnet diese Publikation in
der Deutschen Nationalbibliographie; detaillierte bibliographische
Daten sind im Internet über http://dnb.ddb.de abrufbar.

Inhaltsverzeichnis

7   Vorwort von Nadja M. Köffler und Evi Agostini

13 DIE ANFÄNGE. ODER: TO START (ALL OVER) OR NEVER EVER (AGAIN)

14 **Kathrin Helling**, Eine Anekdote über das Nicht-Promovieren
16 **Cornelia Plunger**, Eignungstest
19 **Thomas Sojer**, Das Erlebnis der Wissenschaft
22 **Sarah Oberbichler**, Vom Sandschaufeln und unerfüllten Wünschen
25 **Reinhard Bauer**, Um die Särge irrt das Rebhuhn. Oder: Es geht um nichts weniger als alles ...
28 **Claudia Sojer**, Ein Perspektivenwechsel. Oder: Italienisch für Radfahrer

31 DIE DISSERTATIONSSCHRIFT: ÜBER GEDANKENKNÄUEL, HAARAUSFALL UND ERKENNTNISERNTE

32 **Claudia Schmied**, Dolce far niente
34 **Livia A. J. Rößler**, Prokrastination
37 **Franz Gumpitsch**, Die Doktorarbeit als gelebte Aporie
40 **Evi Agostini**, At the edge of reason
43 **Barbara Gross**, Nicht nur Intellekt ist gefragt!
46 **Nadja M. Köffler**, Über Serendipity, Epiphany und Haarausfall

49 (A)SOZIALES PROMOVIEREN

50 **Hans Heiss**, Durch die Wüste: Rückblick auf ein Jahrzehnt
54 **Petra Hecht**, Geburtshelferinnen und -helfer
58 **Anna Manfrin**, Die (letzte?) Erschütterung

61 **Katja Böhme**, Hochrechnungen. Zum erwarteten Gewicht der Promotionsurkunde
64 **Claudia Lintner**, Zusammen ist man weniger allein

67 BETREUUNGSERFAHRUNGEN

68 **Manfred Kienpointner**, Dissertationen betreuen: Eine Tragikomödie in vier Akten
71 **Giulia Enders**, Gärtnerqualitäten. Im Interview mit Livia A. J. Rößler
74 **Konrad Kastl**, Dr. med. – geschenkt?
76 **Peter Stöger**, Fanpost
79 **Armin Lohmann**, Helikopter-Sicht in fünf Betrachtungsweisen
83 **Hans Karl Peterlini**, Nach dem Doktor ist vor dem Doktor

89 ZUR RIGOROSITÄT DES RIGOROSUMS

90 **Dietmar Larcher**, Des Dozenten neue Kleider. Oder: Die Umkehrprüfung
94 **Waltraud Fritsch-Rößler**, O tempora, o mores! Oder: The two bodies of the full professor
97 **Konrad Bergmeister**, Nachhaltiges Rigorosum
99 **Karlheinz Töchterle**, Doch nicht sub auspiciis

103 ZU DEN MYTHEN, TÜCKEN UND HEITERKEITEN DES WISSENSCHAFTSBETRIEBS

104 **Michael Brandmayr**, Über Halbgötter, VIPs und Steinigungen. Oder: Wie mich mein PhD von allen Illusionen befreite
108 **Ariane de Waal**, Die letzte Silbe
110 **Grit Alter**, Eine Bahnfahrt, die ist lustig …
113 **Susanne Elsen**, Meine Promotion – eine persönlich-fachliche Richtungsentscheidung
117 **Siegfried Baur**, War das eine Dissertation, oder war es keine?
121 **Stefan Neuhaus**, Das letzte Abenteuer der Zivilisation

125 **Die Autorinnen und Autoren**

Geschichten über Literaturberge, Lorbeerkränze und Halbgötter

Ein Vorwort von Nadja M. Köffler und Evi Agostini

Geschichten rund ums Promovieren. Welche Erkenntnisse darf man sich von Geschichten erwarten? Geschichten als Wahrheit höherer Ordnung offenbaren nicht nur Vergangenes und Gegenwärtiges, sondern ebenso Wesenszüge der Geschichtenerzählerinnen und -erzähler und sind damit weit mehr als unterhaltsame Erinnerungen oder Vorfälle. Nach Wilhelm Schapp gelingt der Zugang zum Menschen nur über dessen Geschichten, denn der „Mensch ist nicht der Mensch von Fleisch und Blut. An seine Stelle drängt sich uns seine Geschichte auf als sein Eigentliches."[1] Ähnlich argumentiert Friedrich Nietzsche, wenn er meint, „aus drei Anekdoten ist es möglich, das Bild eines Menschen zu geben."[2] Als Mittel der retrospektiven Distanzierung werfen sie einen Blick auf Erfahrenes wie auf sich selbst, um in der verdichteten Erzählung Sinn zu erschließen wie auch zu transformieren und damit die Tiefen und Höhen des Promovierens aus der Retrospektive in einem neuen Licht erscheinen zu lassen.

Auf den Spuren eingeschriebener Erlebnisse aus der Promotionszeit lädt der vorliegende Band zu einem kollektiven Erfahrungsaustausch von Stolpersteinen und Höhenflügen der (bald) mit Doktorwürde Gesegneten ein. Er entführt in eine Welt des Gedankengebärens, der Erkenntnisernte und der Unzulänglichkeiten des Wissenschaftsbetriebs und gewährt Einblicke in ein groteskes System vorgetäuschter Souveränität und Makellosigkeit, die Leserinnen und Leser zu Voyeurinnen und Voyeuren intimer Promotionserfahrungen werden lassen. Die Verbindung aus zwei Qualitäten, gleichzeitig das Lustvolle und Frustvolle einfangend, führt zu einem Geschmackserlebnis, das den Charakter des Dissertierens in seiner ganzen Bandbreite, von der Zungenspitze (süß) bis zum Zungengrund (bitter), einzufangen vermag: Denn Promovieren ist weder nur erhellend, noch ist es nur mühsam!

* * *

1 Schapp, W. (1976): In Geschichten verstrickt: Zum Sein von Mensch und Ding. Wiesbaden: Heymann. Hier: S. 105.
2 Nietzsche, F. (1954): Friedrich Nietzsche: Werke in drei Bänden. Band 3. Hg. v. Karl Schlechta. München: Hanser. Hier: S. 252 f.

DIE ANFÄNGE. ODER: TO START (ALL OVER) OR NEVER EVER (AGAIN): Aller Anfang ist schwer. Besonders dann, wenn man sich gar nicht sicher ist, ob man für diesen Anfang bereit ist. KATHRIN HELLING weiß ein Lied davon zu singen: von Zweifeln, Erwartungen und vor allem dem damit einhergehenden Rechtfertigungszwang für ihre Entscheidung, *nicht* zu promovieren. Dass ein Rest Unsicherheit auch nach dem erfolgreichen Promotionsbeginn bleibt, berichtet CORNELIA PLUNGER: Liegt sie mit dem Thema richtig? Ist das Erkenntnisinteresse ausreichend? Und vor allem: Sieht das auch die Scientific Community so? Allem Anfang wohnt ein Zauber inne. Für THOMAS SOJER zeigt sich dieser nicht zuletzt darin, sich ab und an außerhalb der geweihten Klostermauern einem wissenschaftlichen Disput auszusetzen. Dass wissenschaftliche Erkenntnis auch mit einem neuen Blick auf sich selbst verbunden ist, muss er dabei schmerzlich am eigenen Leib erfahren. Fast wehmütig blickt er auf sein ehemals verklärtes Selbst zurück. Bei SARAH OBERBICHLER hält sich der Zauber des Anfangs. Während ihre minutiöse Forschungsarbeit, in der sie „Sand von einem Haufen zum anderen [löffelt], und das den ganzen lieben langen Tag", momentan keinen Wunsch offenlässt, gibt es dennoch unerfüllte Träume aus Kindertagen. Einen Schlag ins Gesicht musste REINHARD BAUER kurz vor Abschluss seines Dissertationsvorhabens hinnehmen. „To start all over!": Diese vernichtende Aufforderung würde wohl jede Doktorandin bzw. jeden Doktoranden am Ende ihrer bzw. seiner Promotionsphase aus der Bahn werfen. Dass ein Fahrrad von Anfang an geradezu lebensnotwendig sein kann, erzählt CLAUDIA SOJER: Einerseits, um alle Bibliotheken und Archive Roms zu erkunden, andererseits, um die eigene Perspektive geschwind um mehrere Blickwinkel zu erweitern.

Auch während des Erstellens der Dissertationsschrift bleiben Doktorandinnen und Doktoranden weder vor einschüchternden Heimsuchungen noch vor überraschenden Glücksmomenten verschont. In der Rubrik DIE DISSERTATIONSSCHRIFT: ÜBER GEDANKENKNÄUEL, HAARAUSFALL UND ERKENNTNISERNTE werden diese anschaulich zu Papier gebracht. Dass das Promovieren mit einem kurz vor der Emeritierung stehenden Betreuer durch und durch von Leistungsgedanken und Stress geprägt ist, weiß CLAUDIA SCHMIED zu berichten. Das sehnsüchtig erwartete *dolce vita* muss deshalb vorerst warten. Prokrastination – wer mehr über dieses Phänomen erfahren möchte, sollte sich der Anekdote von LIVIA A. J. RÖSSLER widmen. Auch sie kann das ‚süße' Leben nicht vorbehaltslos genießen. Ob sie sich eines Tages selbst überlisten und bald zufrieden ihre Dissertationsschrift in Händen halten wird, bleibt zu hoffen. Dass diese Hoffnung berechtigt ist, belegt FRANZ GUMpitsch. In der Retrospektive entpuppt sich seine anfängliche Angst vor dem weißen Blatt Papier sogar als wahrer Glücksfall! Eine dreieinhalbmonatige Schreibblockade treibt Evi Agostini an den Rand des Wahnsinns und lässt die Hoffnung auf die Doktorwürde schwinden. Kurz vor Abgabetermin der Dissertation fließt es dann – wie durch ein Wunder – doch wieder! Barbara Gross weiß um die Bedeutung von Entspannung und Ruhe sowie ausreichend Sport, die Heilung in Zeiten des Promotionswahnsinns versprechen. Nadja M. Köffler rät angehenden Doktorandinnen und Doktoranden, sich durch Haarausfälle und nächtliche Schweißausbrüche nicht vom Dissertieren abbringen zu lassen und trotz Leuchtkäferphänomen daran festzuhalten, „dass die guten Ideen jede/n früher oder später […] heimsuchen werden".

(A)Soziales Promovieren: In der von Hans Heiss verfassten Anekdote stechen insbesondere die zahlreichen Gefährtinnen und Gefährten auf dem Weg der jahrzehntelangen Promotion ins Auge. Freundinnen, Freunde und Familie sowie (produktive) Verzögerungen, verhelfen der Dissertationsschrift erst zu wahrer Qualität!, so Hans Heiss. Als regelrechte „Geburtshelferinnen und -helfer" fungieren Familie und Bekannte bei Petra Hecht. Ihr abschreckendes Fazit: Promovieren ist um einiges nervenaufreibender als die Schwangerschaft und Geburt ihrer zwei Töchter. Abschreckend erscheint auch das Erlebnis, das Anna Manfrin noch aus ihrer Diplomarbeitszeit zu berichten weiß und sie beim bloßen Gedanken an ihr bevorstehendes Dissertieren erneut erschüttern lässt. Doch wie sonst hätte sie, die immer nur auf ihr Studium konzentriert war, die anderen Bewohnerinnen und Bewohner ihres Wohnblocks jemals näher kennengelernt? Katja Böhme wirft in ihrer Gedankenschrift einen Blick in die (nahe) Zukunft. Gemeinsam mit anderen Nachwuchswissenschaftlerinnen und -wissenschaftlern stellt sie sich die Frage, wie schwer die Dissertationsurkunde am Ende wohl wiegen wird. Vermag sie den Kraftakt des Dissertierens aufzuwiegen? Für Böhme zählt nicht das Produkt in Form eines Titels, verewigt auf Papier, sondern der (wertvolle) Prozess, der sich dann am stärksten bemerkbar macht, wenn Unerwartetes im Erwarteten auftritt. Verbündete, die eine bzw. einen tagtäglich aufs Neue an die schönen Momente des Promovierens erinnern, kennt Claudia Lintner. Sie stellt ihre Anekdote unter das Thema der kollegialen Zusammenarbeit und erzählt, wen man in welcher Form als Weggefährtin bzw. Weggefährten braucht, um schlussendlich den Schritt aus dem geschützten universitären Rahmen hinaus in die weite Welt zu wagen.

Dass dieser universitäre Raum so geschützt und ehrwürdig nicht ist, verraten Betreuungserfahrungen Dissertierender sowie ihrer Doktormütter und -väter. Auch hier gilt es – wie im ‚wirklichen Leben' –, Nervenaufreibendes, Irritierendes und Erheiterndes auszuhalten. Die Betreuungserfahrungen bei Dissertationen sind an Tragik und Komödie nicht zu übertreffen, so die Anekdote von Manfred Kienpointner. Trotz unausweichlichem Betreuungswahnsinn, der sich beispielsweise in der Aufgabe, eine 800 Seiten lange Dissertationsschrift zu lesen und zu kommentieren, offenbart, blickt er am Ende jedes Promotionsprozesses als Doktorvater immer wieder aufs Neue stolz auf die Beharrlichkeit und die wissenschaftlichen Errungenschaften seiner Schäfchen. Die Vorstellung eines Doktorvaters, der seine dissertierenden Sprösslinge hegt wie die Topfpflanzen auf dem Fenstersims seines Bürozimmers, begleitet Giulia Enders auf ihrem Weg zur Doktorwürde. In ihrem Interview erzählt sie von dem richtigen Maß an ‚Betreuungspäppelung' – gerade so viel, wie man eben braucht, um letztendlich doch auch wieder – der gesunden Reifung wegen – vieles allein zu schaffen. Auch wenn die Betreuung, wie im Fall von Konrad Kastl, durch den Wegzug seiner Doktormutter eher dürftig ausfällt: Dran zu bleiben, diesseits kalkulierten Denkens und jenseits wissenschaftlicher Bedürfnisse, lohnt sich allemal! Nicht nur deshalb, weil man, wie am Beispiel von Peter Stöger verdeutlicht, in schönen Promotionserinnerungen schwelgen darf. Dass diese Erinnerungen in der distanzierten *„Draufsicht"* umso markanter ihre facettenreichen Erkenntnisse und inhaltlichen, aber auch freundschaftlichen Berührungen mit dem Doktorvater hervortreten lassen, beweist Armin Lohmann in seinem Beitrag. Auch wenn Hans Karl Peterlini bezüglich seiner Promotionserkenntnisse noch unsicher scheint, darf man auch aufgrund seiner Erfahrungen sicher sein, dass sich aus „Betreuerschaft" lebenslange Freundschaft entwickeln kann. Vielleicht auch deshalb, weil Doktormütter und -väter ihren Doktorandinnen und Doktoranden den Weg zu verdrängten Hoffnungen, verdeckten Wünschen und immer auch zu sich selbst eröffnen?

Zur Rigorosität des Rigorosums: Wie nackt man sich bei einem Rigorosum fühlen kann, wenn man um die richtigen Antworten verlegen ist, ruft die Promotionsanekdote von Dietmar Larcher in Erinnerung. Glücklicherweise nehmen es er und sein Doktorand mit Humor – sowohl die damit einhergehende Selbsterkenntnis als auch die schlechtere Note, die Letztgenannter aufgrund seines unvorbereiteten Doktorvaters erhält. Waltraud Fritsch-Rössler wird während des Rigorosums mit einer Überraschung in Kleiderfragen konfrontiert.

Ganz wider Erwarten präsentiert sich der Doktorvater in einem schicken Anzug und nicht in den ihr vertrauten legeren Hochwasserhosen. Nachhaltig (und zwar im wörtlichen Sinn) gestaltet sich auch das Rigorosum von Konrad Bergmeister: So beißt ihn kurz vor Prüfungsbeginn ein Hund ins Bein. Doch kein Grund, das Rigorosum deshalb abzublasen. Als Wiedergutmachung für seine Qualen gibt es Geld für einen eleganten Anzug, der später sogar bei seiner feierlichen „Promotio sub auspiciis" getragen wird. Die Verleihung unter den Auspizien des Bundespräsidenten bleibt Karlheinz Töchterle leider verwehrt: Ob aus Böswilligkeit oder Zerstreutheit eines Prüfers lässt sich nicht sagen. Die zugefügten Wunden sind ebenso nachhaltig wie jene von Bergmeister und wurden bei Verleihungen, die der Promovent später in eigener Person zu übernehmen hatte, stets aufs Neue aufgerissen.

Welche weiteren Widrigkeiten mit einem Doktorat verbunden sind, offenbart die Rubrik Zu den Mythen, Tücken und Heiterkeiten des Wissenschaftsbetriebs. Mit dem theoretisch hochgestochenen Anspruch der ‚ach so feinen' Wissenschaft und ihrer Operationalisierung in universitärer Lehre rechnet Michael Brandmayr geistreich ab. Dass die Theorie–Praxis-Umsetzung im Wissenschaftsbetrieb zwar lautstark propagiert, am Ende von den Halbgöttern des Universitätssystems aber weder erwünscht noch umgesetzt wird, muss Ariane de Waal erfahren. Obwohl von den Doktorandinnen mit Nachdruck eingefordert, bleibt die Bezeichnung „Doktorandenforum" ungegendert. Grit Alter nimmt es gelassen, wenn sie – wider besseren Wissens – von Kolleginnen und Kollegen belauscht wird. Nun weiß sie, dass es manchmal eine Bahnfahrt braucht, um sich für eine Konferenz in Laune zu reden und sich selbst dadurch besser kennenzulernen! Während für Susanne Elsen die „[…] Promotion – eine persönlich-fachliche Richtungsentscheidung" ist und sie diese Erfahrung als Verantwortliche des PhD-Programms an der Freien Universität Bozen auch anderen Doktorandinnen und Doktoranden mit einem existenzsichernden Stipendium ermöglichen möchte, bleiben bei Siegfried Baur Restzweifel hinsichtlich seines Promoventenstatus. Ist er nun promoviert, oder ist er es nicht? Interessant, wenn sich das ein habilitierter Professor fragt. Aber zum Trost für alle: Dissertationen sind nicht nur mit Zweifeln, sondern immer auch mit Bewunderung verbunden, so Stefan Neuhaus. Als „letzte[s] Abenteuer der Zivilisation" verändere die Dissertation nach Neuhaus aber vor allem die Einzelne bzw. den Einzelnen. Ob dies gut oder schlecht zu werten sei, ließe sich nicht sagen. Doch: „Kein Abenteuer ohne Risiko."

* * *

So herausfordernd das Dissertieren, so herausfordernd erwies sich zusammenfassend auch die Gestaltung des vorliegenden Buchprojekts – denn war das Loslassen von verstaubter Wissenschaftssprache und -praxis beim Verfassen der Promotionsgeschichten für manche Autorinnen und Autoren befremdlich. Wie eng die Fesseln saßen, offenbarte sich beispielsweise an dem Bedürfnis, Geschichten mit Zitaten und Quellen zu überfrachten, im Drang, das Eigene durch Fremdes zu ergänzen und persönliches Gedankengut durch Aussagen vermeintlicher Autoritäten aufzuwerten. Überdies waren etliche Promovierende und Promovierte nicht bereit, ihre Erfahrungen preiszugeben. Zu tief saß die Angst, bislang Unausgesprochenes, etikettiert mit ihrem Namen, ans Licht zu bringen und dafür zur Rechenschaft gezogen zu werden. Missbrauchsfälle und Liaison-Verhältnisse zwischen Doktorvätern und ihren Promovendinnen, um hier nur ein brisantes Themenfeld zu benennen, wurden zwar hinter verschlossener Tür angesprochen, blieben jedoch ungeschrieben und fanden ihren Weg daher bedauerlicherweise nicht in diesen Band. Auch der Ärger über kollegiale Geringschätzung und Ausbeutung in den Jahren der Anfertigung wie auch Betreuung von Dissertationen waren nicht von der Hand zu weisen, wurden aber ebenso nur in vereinzelten Anekdoten zu Papier gebracht. Umso mehr gilt es, den Autorinnen und Autoren dieses Bandes zu danken, die ihre Eitelkeiten und Ängste über Bord warfen und ihre Dissertationsdilemmata der Öffentlichkeit zugänglich machen. Ohne ihre Offenheit hätte dieser Band wohl nur eine Seite der Medaille fassen können und wäre folglich der beschönigenden Einseitigkeit ausgeliefert. Ebenso zu danken gilt den Autorinnen und Autoren, die aus dem Sumpf des Lamentierens und der Hoffnungslosigkeit trotz aktueller Verstrickung in ein Dissertationsvorhaben ausbrechen konnten, um mit uns vor allem die erhellenden und lustvollen Momente dieses Unterfangens zu teilen. Sie sind die Hoffnungsträger von morgen, deren Gedanken zukünftige Doktorandinnen und Doktoranden Mut fassen lässt, die verschlungenen Wege der Promotion einzuschlagen!

Tauchen Sie mit uns ein in die Welt der Lorbeerkränze, Halbgötter und Literaturberge und lassen Sie sich von den provokant-humoristischen wie auch romantisch-verklärten Darstellungen mannigfaltiger Promotionsirritationen fesseln!

Nadja M. Köffler & *Evi Agostini*

Innsbruck, im Dezember 2016

Die Anfänge
Oder: To start (all over) or never ever (again)

Eine Anekdote über das Nicht-Promovieren

Kathrin Helling

„Wie läuft es mit deinem PhD-Studium?" – „Wie lautet doch gleich dein Dissertationsthema?" oder „Wie war das damals bei deiner Promotion?". Solche und ähnliche Fragen werden mir häufig von Kolleginnen und Kollegen gestellt. Prinzipiell habe ich nichts gegen diese Fragen, zeigen sie doch, dass Interesse an meiner Forschung bzw. dem Vorankommen mit der Dissertation besteht. Jedoch erzeugen solche Fragen auch einen gewissen Druck – oder vielleicht sind es Zweifel? Damit meine ich nicht das Gefühl, das entsteht, wenn man auf die Frage: „Wie läuft's?" sofort eine Handvoll Ausreden parat hat, die erklären, warum man wieder einmal viel weniger zu Papier gebracht hat, als man sich vorgenommen hat. Natürlich erzeugt es Druck, wenn man zugeben muss, dass man einen Durchhänger hat, aber eigentlich wundert es doch niemanden. Mir scheint, wer während der Promotionsphase nicht mindestens einskommasieben Sinnkrisen erlebt, promoviert nicht wirklich. Nein. Ich meine den Druck, der von hinter den Fragen stehenden impliziten Annahmen/Erwartungen erzeugt wird: dass ich promoviere oder die Promotion gar schon erfolgreich abgeschlossen habe. Bloß trifft weder das eine noch das andere zu. Ja genau, ich promoviere nicht.

Dies ist, wenn man seit Jahren im akademischen Kontext arbeitet, nicht immer einfach zu rechtfertigen. Ich koordiniere die Implementierung eines European Joint Doctorates, eines PhD-Studiengangs mit 15 Doktorandinnen und Doktoranden an fünf Universitäten, die alle „ihren Doktor machen". Vielleicht kommt es daher, dass immer wieder angenommen wird, ich würde aktuell einen Doktortitel anstreben. Auch habe ich bereits einige Artikel und Buchbeiträge publiziert, auf denen sich eine kummulative Dissertation hätte aufbauen lassen, doch dieser Weg zum Doktorat ist in meinem Fachgebiet eher unüblich und wenig anerkannt. Und so habe ich mich trotz hartnäckiger Überzeugungsarbeit und Unterstützungsangeboten von potenziellen Betreuerinnen und Betreuern immer wieder dagegen entschieden: gegen die professionellen und akademischen Chancen, die sich aus der Erforschung neuer wissenschaftlicher Erkenntnisse ergeben, gegen die Chancen, die sich auftun, wenn man sich nur durchbeißt durch die Schreibblockaden und Sinnkrisen, und gegen die Chancen, als wissenschaftlicher Nachwuchs in eine prekäre Arbeitssituation zu geraten.

Um einiges schwieriger als das Nicht-Promovieren gegenüber Kolleginnen und Kollegen zu rechtfertigen, ist, potenziellen Betreuerinnen und Betreuern mitzuteilen, dass man sich gegen die angebotene Möglichkeit zur Promotion entschieden hat. Immerhin ist so ein Angebot Ausdruck der Anerkennung bisheriger beruflicher und wissenschaftlicher Leistungen und eine große Wertschätzung der eigenen Person. So ein Angebot lehnt man nicht einfach ab, das will gut überlegt sein.

Am schwierigsten ist jedoch, die Entscheidung gegenüber sich selbst zu rechtfertigen. Ich komme auf viele gute Gründe zu promovieren und mindestens doppelt so viele, es nicht zu tun. Was bleibt, ist die momentane Entscheidung: Ich promoviere nicht, nicht jetzt!

Zur Autorin
KATHRIN HELLING M. A.

Studium der Pädagogik mit den Nebenfächern Psychologie und Soziologie an der Ludwig-Maximilians-Universität München.
Zurzeit tätig als Projektkoordinatorin im Bereich Trainings- und Curriculumsentwicklung für das European Doctorate in Teacher Education (EDiTE) an der Leopold-Franzens-Universität Innsbruck; Educational Designerin und Lektorin im Bereich Lernen und Lehren mit neuen Medien und Technologien.

Eignungstest

Cornelia Plunger

In meinen ersten Auseinandersetzungen mit dem Gedanken, eine Dissertation zu verfassen, dachte ich mir: Ja, das kann ich schaffen, ich brauche ein Thema, das mich interessiert und das ich wichtig finde. Die Auseinandersetzung mit Gegenständen, denen sich die Mathematikdidaktik so widmet, führt mich auf einen solchen (vermeintlich?) interessanten und wichtigen Inhalt: Reflexion im Mathematikunterricht. Insbesondere in Konzepten für mathematische Bildung wird damit ein Nachdenken über Mathematik gemeint, z. B. in Form einer nachdenklichen Auseinandersetzung mit einem mathematischen Inhalt, über die Angemessenheit mathematischer Anwendungen oder die Bedeutung der Mathematik für die Gesellschaft.

Ich bin mir bewusst, dass solche Reflexionen das Erlernen mathematischer Inhalte nicht ersetzen können, habe aber die Hoffnung, dass sie es erleichtern können, und bin überzeugt davon, dass sie es ergänzen sollten. Leider schwankt diese Überzeugung immer wieder ein wenig: Beim Erlernen mathematischer Inhalte habe ich während meines Unterrichtspraktikums so viele Schwierigkeiten bei den Schülerinnen und Schülern entdeckt. Sollte man sich nicht besser darum kümmern? Reflexionen schön und gut, aber können diese überhaupt als mathematische Tätigkeit gesehen werden? In meinem Innersten bin ich überzeugt davon, dass neben der Auseinandersetzung mit mathematischen Inhalten auch eine Auseinandersetzung über die Verwendung von Mathematik nötig ist, zu mathematischer Bildung dazugehört. Das kann ich auch mit Hilfe bildungstheoretischer Konzepte für Mathematikunterricht argumentieren, aber ob andere Leute auch so denken? Lehrerinnen und Lehrer, Kolleginnen und Kollegen aus der Mathematikdidaktik, Mathematikerinnen und Mathematiker sehen das vielleicht nicht so, und irgendwie kann ich das auch nachvollziehen. So kommt es, dass ich nicht gern über mein Dissertationsvorhaben spreche – weder mit Bekannten und Freunden noch mit Kolleginnen und Kollegen aus der Mathematikdidaktik und auch nicht mit Mathematiklehrkräften. Falls es doch dazu kommt, erkläre ich immer nur sehr vage, was ich mache.

Ein einschneidendes Erlebnis dazu hatte ich bei einem Workshop zur Design-based-research-Methode, bei dem ich mein Projekt vorgestellt habe, um über die Eignung dieser Forschungsmethode zu debattieren. Die Teilnehmerinnen und Teilnehmer waren Didaktikerinnen und Didaktiker aus anderen Fächern, aber auch Mathematikdidaktikerinnen und -didaktiker sowie erfahrenere Lehrkräfte, die sich für (Mathematik-)Didaktik interessierten. Während meines Vortrags sah ich meine Zuhörerinnen und Zuhörer an und meinte, an ihren Blicken ablesen zu können, dass mein Thema nicht relevant scheint, zu irrational und viel bla bla sei, das keiner wirklich brauche. Meine geplanten Interventionen für den Unterricht bringen nicht wirklich Verständnis für mathematische Konzepte und tragen nicht dazu bei, dass Schülerinnen und Schüler im Lösen echter mathematischer Probleme besser werden. Ich meinte zu sehen, wie eine Zuhörerin die Augen verdrehte, ein anderer gelangweilt in die Luft starrte. Im Rückblick auf diese Situation kommt mir dann der Gedanke, dass meine Zuhörerinnen und Zuhörer sowie Gesprächspartnerinnen und Gesprächspartner auch meine eigenen Unsicherheiten widerspiegeln. Wie können sie anders als skeptisch reagieren, wenn ich nur vage andeute, was ich meine oder meine Unsicherheiten und Bedenken vor meine Überzeugungen und Pro-Argumente stelle? Ich mache mir klar, dass all diese Meinungen, Haltungen und meinem Projekt entgegengesetzte Erwartungen an Mathematikdidaktik, die ich meinen Zuhörerinnen und Zuhörern in den Kopf schiebe, jene sind, die auch ich zum Teil habe: Mehr Hinweise und Ideen, wie man Schülerinnen und Schüler besser zum Mathematik-Betreiben anleitet, hätte ich mir damals als Lehrerin auch gewünscht.

In meiner Auseinandersetzung mit dem Thema Reflexion im Mathematikunterricht wurde mir aber klar, dass solche Reflexionen (1) unerlässlich für eine allgemeine Bildung sind und (2) derzeit noch weniger berücksichtigt werden als das Lösen mathematischer Probleme, aber gerade deshalb forciert werden müssten. Also setze ich mich hin und versuche kurz und klar zu formulieren, was ich machen möchte: In meinem Projekt möchte ich versuchen, modell- und kontextorientierte Reflexion bei Schülerinnen und Schülern im Mathematikunterricht zu fördern. Mit modellorientierter Reflexion meine ich ein Nachdenken über die Passung und Angemessenheit eines mathematischen Modells für einen Zweck, mit kontextorientierter Reflexion meine ich ein Nachdenken über die Rolle, die ein solches Modell in jenem Kontext spielt, in dem es eingesetzt wird und welche Bedeutung speziell der Mathematik dabei zukommt. Und das ist eben mein Projekt, weil ich das auch wichtig finde.

In einem Gespräch mit einem Mathematiker habe ich meine neue Haltung schon ausprobiert und ihm erklärt, was ich machen möchte. Seine Reaktion: (ein – aus meiner Sicht – ehrlich gemeintes) „Interessant". Es gibt aber noch deutlich positivere Erlebnisse, in denen ich aufbauende Reaktionen bezüglich meines Projekts erfahre. Beispielsweise in einem Review-Prozess für ein Poster, das ich für eine internationale Tagung eingereicht hatte. Es gibt dort mehrere Topic-Study-Groups, und ich habe ein Poster zum aktuellen Stand meines Dissertationsprojekts bei jener zur mathematical literacy eingereicht. Jene Personen, die meinen Vorschlag begutachtet haben, fanden, dass dies ein sehr relevantes und interessantes Thema für diese Topic-Study-Group sei. Solche Reaktionen beflügeln mich sehr und motivieren, an dem Thema dranzubleiben, weiterzuarbeiten. Der Gedanke an solche Bewertungen und positive Reaktionen helfen über so manches Tief hinweg und bestärken darin, mich weiter mit diesem Thema auseinanderzusetzen.

Zur Autorin
Mag.[a] Cornelia Plunger

Studium der Mathematik, Biologie und Umweltkunde (Lehramt) an der Leopold-Franzens-Universität Innsbruck.
Fachbereich der Promotion: Didaktik der Mathematik
Angedachter Titel der Dissertation: *Modell- und kontextorientierte Reflexion im Mathematikunterricht*
Zurzeit tätig als Universitätsassistentin am Institut für Didaktik der Mathematik an der Alpen-Adria-Universität Klagenfurt.

Das Erlebnis der Wissenschaft

Thomas Sojer

Jeden Morgen, während die Stadt noch schläft und die vorgeschriebenen Gesänge verrichtet werden, der nüchterne Magen nach Erfüllung lechzt und der Organist schlaftrunken die menschenleere Kirche bespielt, ruht der grimmige Blick des Abtes über der kleinen Schar der Klosterbrüder. Mit Rollator, Gehstock und Restalkohol steht diese in Reih und Glied vor dem Kirchenfürsten und stellt sich der täglichen Visite. Das Chorgebet verstummt. Genüsslich unterbrechen die zwei Novizen das hierarchische Schauspiel und schlüpfen vor den erstaunten Gesichtern und dem rotglühenden Kopf des Prälaten aus ihren langen Kukullen. Sie spazieren frech durch das Kirchenschiff hinaus auf den von der Morgensonne durchfluteten Vorplatz, den Messner mit anzüglichen Posen verabschiedend.

Absichtlich trete ich kräftig ins Gas des alten Golfs. Der Motor heult provokant vor den offenen Toren auf, als Untermalung des einsamen Orgelspiels. Der Ordensgründer Aurelius Augustinus schreibt im siebten Kapitel seiner Regula vor, dass junge Mönche nur zu zweit den lüsternen Gefahren der Welt ausgesetzt werden dürfen.

Im hellen Gelächter starten wir vom Fuß des Berg Isel Richtung Schweiz. Die zwei Religiosi düsen mit viel Gottvertrauen entgegen allen Geschwindigkeitsbegrenzungen auf der Westautobahn und amüsieren so manch überholtes Auto durch seltsame Gebärden in monastischen Gewändern. Es ist ein guter Tag, denn heute beginnt mein Doktoratsstudium.

Als ich mit 18 Jahren die weiße Soutane, goldene Manschettenknöpfe und schwarze Lackschuhe anzog, tat ich das aufgrund des radikalalternativen Lebensstils, den ich in den altehrwürdigen Klosterhallen entdeckte: Das Streben, sich – nicht ganz unbescheiden – der Suche nach Weisheit und Erkenntnis zu widmen. Dass die Wirklichkeit eine andere ist und die „heile" Welt woanders zu finden ist, lernte ich schnell. Trotzdem fand ich immer meine Wege, sowohl die Schlupflöcher in der Klostermauer für nächtliche Expeditionen, als auch geistige Pfade aus der klösterlichen Wüste. Richtungsweisend wurde für mich das private Philosophiestudium, das ich in Form einer Dissertation öffentlich erschließen wollte. Dem ganzen Unternehmen stellte sich jedoch ein Hindernis in den Weg: Der einzige Mensch, der sich im deutschsprachigen Raum mit meiner Fragestellung beschäftigt, residiert in Luzern. Ich, auf der anderen Seite, habe in meinen Gelübden versprochen, die hohen Klostermauern (offiziell) nicht zu verlassen und mein Haupt jede Nacht auf dasselbe Kissen derselben Zelle zu legen. Das Resultat: Verrückte Luzernfahrten im alten Klostergolf, Schokoladenorgien auf der Züricher Hauptstraße und Schneestürme auf dem Arlbergpass.

Die Monate vergehen und ich kann meine ersten, geronnenen Erkenntnisse im Kreis der Mitstreiter aus dem In- und Ausland einer Bewährungsprobe unterziehen. So finde ich mich unter der herbstlichen Abendsonne in erfrischender Begleitung am Neckar wieder und spaziere entlang des Philosophenwegs. Hinter mir leuchtet das Heidelberger Schloss, umrandet von gefühlten zwei Millionen chinesischer Touristen. Der Saum meiner weißen Soutane streift in päpstlicher Manier über die massiven roten Platten aus Neckartäler Sandstein, und ich genieße den schöngeistigen Gedankenaustausch. Nach unzähligen Fotoshootings mit den asiatischen Gästen setzen wir uns an die Bar im Marstall. Ich starre auf den helixförmigen Hals meines Welde N° 1. Das Besondere an diesem Männerkaffee ist nicht sein Inhalt, so mein Gegenüber, sondern der Verschluss: Auf der Innenseite der Kappe steht entweder „Ja" oder „Nein". In kindlicher Gänseblümchenzupfart bevollmächtige ich die vor mir stehende Bierflasche zum Entscheidungsträger und ziehe minutiös den Aufreiß-Verschluss ab, lege ihn bedächtig auf die Tischfläche, hole tief Luft und blicke auf die handerlesene Offenbarung. Es steht „Nein". Mit der Gegebenheit unzufrieden und der aus religionssoziologischer Sicht unerlässlichen Bedeutung von Alltagsritualen bestens vertraut, wiederhole ich diese Handlung fünf Mal. Und siehe, es steht „Ja". Ich nehme einen letzten großen Schluck und freue mich über die fatalistische Prognose. Die Frage, die nun endlich ihre feierliche Beantwortung erfahren hat, bleibt freilich ungestellt. Sie ist in den letzten Monaten zu rhetorisch geworden, um sie noch eigens formulieren zu müssen. Als wir leicht angeheitert im Quartier ankommen, lege ich das vom Sandstein schon gerötete Papstkleid über das hochgezogene Fußteil meines Bettes und schmunzle. Dieser seltsame, von jedem Draußenstehenden belächelte Rausch, diese Leidenschaft des Forschens hat einfach Charme, der fesselt! Ich muss feststellen, wie ich zufrieden bin, dass ich endlich das tun darf, was ich immer schon wollte.

Vielleicht liegt es an den Zwiegesprächen und Begegnungen, in die mich die Dissertation fast vorhersehend verwickelt, vielleicht am vierten Glas Rotwein um halb vier morgens, das mir Herz und Geist bereichert, mich vor der Schönheit des Intellekts, der in der Welt wandelt, staunen lässt, gerade auch im anderen Geschlecht. Und so plötzlich verblassen viele Ideale, die noch vor kurzem in barocken Messgewändern und Weihrauchschwaden gehüllt, erstrahlten. Dissertationen sind gefährlich, denn sie zwingen zum eigenständigen Denken und lassen alles hinterfragen. Was ich glaubte, in den Laptop zu tippen, schrieb seine Zeilen in Wahrheit in mein Leben: Das ist das Erlebnis der Wissenschaft.

Die weiße Soutane bleibt ab diesem Morgen ungewaschen auf der Bettkante, die Manschettenknöpfe tausche ich für Zugtickets nach Luzern. Leicht wehmütig blicke ich auf einen vorbeifahrenden Golf. Er erinnert mich an das einsame Orgelspiel. Vor meinem geistigen Auge sehe ich sie alle noch einmal dastehen, in Reih und Glied. Ich klappe den Laptop auf und beginne das nächste Kapitel.

Zum Autor
Mag. Thomas Sojer

Studium der Katholischen Fachtheologie, Philosophie und Klassischen Philologie an der Universität Luzern, der Leopold-Franzens-Universität Innsbruck und am Heythrop College der University of London.
Fachbereich der Promotion: Christliche Philosophie
Titel der Dissertation: *Die Dialektik von Sakralem und Säkularem in der ästhetischen Theorie Simone Weils*
Fünf Jahre Mitglied im Orden der Regularkanoniker von Prémontré.

Vom Sandschaufeln und unerfüllten Wünschen

Sarah Oberbichler

Während meines Studiums hatte ich nie daran gedacht, nach dem Abschluss ein Doktoratsstudium anzuhängen. Wenn Studienkolleginnen und -kollegen davon sprachen, konnte ich nur müde lächeln, das ganze Gerede ging an mir spurlos vorbei. Ich studierte Geschichte und Germanistik auf Lehramt, wozu sollte ich einen Doktortitel anstreben? Ich steuerte schnurstracks dem Lehrberuf entgegen, erfüllte mir zwischendurch den Traum, ein Auslandssemester in Schweden zu absolvieren, und wollte dann endlich einmal Geld verdienen. Ich hatte bereits klare Pläne, wofür ich mein erstes Gehalt ausgeben würde: Ein Pferd wollte ich kaufen, und einen Stall in meiner Nähe wollte ich mieten. Ich war immer eine große Pferdeliebhaberin, hatte schon als kleines Kind mein eigenes Pony, später einen wunderschönen Haflinger namens Fee. Mit meinem ersten Gehalt konnte ich mir aber weder ein Pferd kaufen noch einen Stall mieten. Ich war naiv und unwissend, nicht nur, was die Höhe meines ersten Gehalts betraf. Auch als mir während einer Geschichtevorlesung einmal ein überzeugter „Nicht-Lehramtsstudent" von seinen PhD-Plänen erzählte, hatte ich keine Ahnung, wovon er sprach. „Ach, du meinst den Doktor?", hatte ich dann nach seinen Erklärungsversuchen gefragt. Er nickte etwas verwundert. Einige Jahre später traf ich ihn erneut. Er unterrichtete an einem Gymnasium, ich machte meinen Doktor. Wie paradox das Leben doch manchmal ist.

Als mir von meiner Diplomarbeitsbetreuerin eine bezahlte Doktoratsstelle angeboten wurde, hing ich in der Luft. Also buchstäblich, denn ich saß in einem Skilift, der mich gemeinsam mit meiner Betreuerin Richtung Bergstation des Plosebergs (Südtirol) brachte. Warum wir dort waren? Ich hatte meine Diplomarbeit über die Plose im Kalten Krieg geschrieben. Es ging dabei um eine Radarstation am Gipfel des Berges, die seinerzeit Teil der italienischen Verteidigungsstrategie entlang des Eisernen Vorhangs war. Gemeinsam übergaben wir meine Forschungsergebnisse an die Plose AG, die eine mögliche Ausstellung mit Hilfe meiner Forschung anstrebte. Bis heute kam diese Ausstellung nicht zustande, aber vermutlich war es diese Arbeit, die mir die Türen in das „Reich der Forschung" geöffnet hat.

Wir saßen also auf dem Skilift, ich, meine Betreuerin und ihre drei Kinder, und sie fragte mich, ob ich schon einmal darüber nachgedacht hätte, eine Doktorarbeit zu schreiben. Ich antwortete wahrheitsgemäß mit „nein". Drei Wochen später hatte ich dem Angebot zugestimmt, nach langem Grübeln und Überlegen. Heute würde ich keine Sekunde mehr zögern. Damals musste ich mich erst an den Gedanken gewöhnen.

Aber nicht nur ich musste mich an diesen Gedanken gewöhnen. Meine Eltern und erst recht der Rest meiner Familie konnten wenig mit der Information anfangen, dass ihre Tochter, Enkelin oder Cousine nun ihren Doktor macht. Ich komme aus keiner Akademikerfamilie, und „Doktor" nennt sich in Südtirol bereits jeder mit Bachelor- oder Masterabschluss. Mir war es nie wichtig, was andere darüber dachten. Meine Mutter fragte mich jedoch einmal, warum ich denn nicht einfach Lehrerin sein kann, dann wüsste sie wenigstens zu antworten, wenn andere sich nach dem Beruf ihrer Tochter erkundigten.

Meine Doktoratsstelle wurde für drei Jahre ausgeschrieben, zwei Jahre sind bereits vergangen. Meine Arbeit befasst sich mit der Wahrnehmung von Migration in Südtiroler Tageszeitungen. Meine Forschung positioniert sich dabei im Schnittbereich von Geschichte und Digital Humanities, sprich eine Kombination von Mikro- und Makroanalyse. Oder, wie es meine Betreuerin einmal auszudrücken vermochte: „Sie löffelt Sand von einem Haufen zum anderen – und das den ganzen lieben langen Tag." Diese metaphorische Beschreibung ist überaus treffend. Ich löffle ohne Ende, schaufle mich durch die Unmengen von Material und habe das Gefühl, ein Geheimnis nach dem anderen aus den Tiefen meines Sandhaufens zu graben.

Nein, langweilig wird das nicht! Umso tiefer ich grabe, desto spannender wird es. Ich weiß, dass ich durch meine Arbeit nicht die Welt verändern kann, aber meine Arbeit verändert mich. Ich suche nach neuen Erkenntnissen und werde Expertin in meinem Gebiet. Ich schreibe Geschichte, die noch nicht geschrieben wurde – und ja, für manch einen mag meine Arbeit sogar von Bedeutung sein. Ich trage meine Ergebnisse auf Konferenzen vor, ich veröffentliche Beiträge und lerne Tag für Tag dazu. Es mag wiederum naiv und vielleicht auch unwissend klingen, aber ich hoffe, ich kann noch viel Sand löffeln, viele Länder bereisen und mir vielleicht wirklich irgendwann ein eigenes Pferd kaufen.

Zur Autorin
Mag.ᵃ Sarah Oberbichler

Studium der Geschichte und Germanistik (Lehramt) an der Leopold-Franzens-Universität Innsbruck und an der Göteborgs universitet (Schweden).
Fachbereich der Promotion: Zeitgeschichte
Titel der Dissertation: *Die Analyse der Wahrnehmung von Migration und Migrant/innen in Südtirol anhand der einschlägigen Tageszeitungen „Alto Adige" und „Dolomiten"*
Zurzeit tätig als Dissertantin und wissenschaftliche Mitarbeiterin am Institut für Zeitgeschichte der Leopold-Franzens-Universität Innsbruck.

Um die Särge irrt das Rebhuhn
Oder: Es geht um nichts weniger als alles ...

Reinhard Bauer

9. November 2012. Eine halbe Stunde vor dem vereinbarten Interviewtermin betrete ich die Hotellobby. Sie ist klein und laut, einige japanische Gäste sind beim Auschecken, und der Rezeptionist nimmt mich nicht wahr, zu sehr nehmen die Abreisenden all seine Aufmerksamkeit in Anspruch. In einer Nische erblicke ich zwei niedrige Fauteuils, dazwischen ein Tischchen, dahinter eine Stehlampe. Ob dort ein Gespräch möglich ist? Für Feng Shui ist jetzt keine Zeit. Der Ort scheint für mein Vorhaben zwar nicht wirklich optimal, aber es dürfte gehen. Ich öffne meine Tasche, kontrolliere noch einmal Aufnahmegerät, Notizbuch und Stift und werfe einen Blick auf die mitgebrachte Textskizze. Alles ist bereit.

Im Rahmen meiner Dissertation mit dem Thema „Didaktische Entwurfsmuster: Der Muster-Ansatz von Christopher Alexander und Implikationen für die Unterrichtsgestaltung" versuche ich, die Ideen Christopher Alexanders aus der Architektur auf die Didaktik zu übertragen. Dem Thema nähere ich mich dabei auf diskursanalytische Weise. Durch explorative Interviews mit sogenannten Muster-Expertinnen und -Experten soll u. a. in einem ersten Schritt das Themenfeld in all seiner Breite und Diversität geöffnet und abgesteckt werden.

Meine heutige Interviewpartnerin kennt Christopher Alexander persönlich. Sie hat ein Buch über ihn und seine Mustertheorie geschrieben, und ich bin natürlich überglücklich, mit einer Koryphäe wie ihr sprechen zu dürfen. Ich bin etwas nervös. Einen Moment lang verspüre ich den inneren Drang zurückzulaufen, zurück zur U-Bahn und alles abzublasen.

„Womit kann ich Ihnen dienen?", fragt der Rezeptionist und holt mich auf den Boden der Tatsachen zurück. „Sagen Sie bitte Frau Dr. Q., dass ich da bin. Ich habe mit ihr einen Termin für ein Interview vereinbart."

Das Gespräch mit Jenny Q. führe ich in der Nische. Wir sitzen in den beiden niedrigen Fauteuils, das Aufnahmegerät liegt zwischen uns auf dem Tischchen. Der Geräuschpegel in der Lobby schwillt an, ich versuche, ihn auszublenden und mich auf das Gespräch zu konzentrieren. Wider Erwarten gelingt es mir sehr gut. Wir sprechen kurz über „Design Thinking for Pedagogical Patterns", ihren gestrigen Vortrag an der TU Wien. Das Interview verläuft zunächst wunschgemäß, bis ich nach etwa einer halben Stunde Jenny meine Textskizze für einen geplanten englischsprachigen Aufsatz zu meinem Dissertationsthema vorlege und sie um ihre Meinung dazu frage. Im Text unternahm ich den Versuch, Christopher Alexanders 15 Struktureigenschaften lebendiger Zentren auf die Planung bzw. Gestaltung von Unterricht umzulegen, d. h. aufzuzeigen und zu begründen, wie diese Eigenschaften in die Sprache der Didaktik übertragen werden könnten. 14 Tage lang war ich in meinem Urlaub damit beschäftigt, meine Gedanken der letzten drei bis vier Jahre Forschungsarbeit auf Englisch zusammenzufassen und in einen Aufsatz zu verpacken, wahrlich ein hartes Stück Arbeit. Jenny überfliegt den Text und fragt dann ganz lapidar, warum ich glaube, dass irgendjemand das einhundertste Modell zur Unterrichtsgestaltung brauchen würde. Sie meint, ich solle alles vergessen, was ich bisher gemacht habe, und neu beginnen. Sie erläutert mir auch gleich, wie ich das anstellen könnte und …

Ich versuche zuzuhören und krampfhaft zu lächeln, nach der Devise: Nur ja nicht die Enttäuschung anmerken lassen. Etwa ein Missverständnis auf sprachlicher Ebene? Ist mein Englisch wirklich so schlecht? Oder habe ich Alexanders Ansatz falsch interpretiert? Oder noch schlimmer: überhaupt nicht verstanden? Meine Gedanken driften ab, mein Herz beginnt schneller zu schlagen, und in meinem Kopf pocht es: Was hat sie da gesagt? Alles vergessen? Alles umsonst? Alles …?! Meine Gedanken drehen sich in Jandl'scher Manier: „[I]ch was suchen / ich nicht wissen was suchen / ich nicht wissen wie wissen was suchen / ich suchen wie wissen was suchen / ich wissen was suchen / ich suchen wie wissen was suchen / ich wissen ich suchen wie wissen was suchen / ich was wissen [?]" Was weiß ich über Alexander eigentlich? Was weiß ich über seine 15 Struktureigenschaften lebendiger Zentren? Nichts, ich werde das Gefühl nicht los, nichts zu wissen.

Etwa eine Viertelstunde später beenden Jenny Q. und ich das Gespräch. Ich bedanke mich noch bei ihr für ihre kritischen (im Nachhinein betrachtet vernichtenden) Kommentare zu meiner Textskizze und vereinbare mit ihr, sie in Hinblick auf meine Arbeit auf dem Laufenden zu halten.

Nach dem Gespräch fühlte ich mich aber – frei nach Ernst Jandl – wie ein Rebhuhn, das im Bewusstsein dessen, dass es um nichts weniger als alles ging, um die Särge seiner Ideen irrte. Der Gipfel der Selbstzweifel wurde erreicht, als Jenny Q. ein paar Tage später meinem Doktorvater, der sie zum Vortrag an der TU Wien eingeladen hatte, eine E-Mail schickte, worin stand: „I continued to think about my talk with Reinhard while I travelled home and it seems that it might be worth a comment and I hope Reinhard is not too dismayed that I basically told him to start all over."

„To start all over", diese Worte haben mich noch lange gequält, mich aber auch den Entschluss fassen lassen: Jetzt erst recht nicht aufgeben, sondern dort fortsetzen, wo ich mit meiner Arbeit stand, und sie letztendlich sehr erfolgreich zu beenden.

Zum Autor
Mag. Dr. Reinhard Bauer

Studium der Romanistik, Germanistik und Philosophie an der Karl-Franzens-Universität Graz.
Fachbereich der Promotion: Lifelong Learning
Titel der Dissertation: *Didaktische Entwurfsmuster: Der Muster-Ansatz von Christopher Alexander und Implikationen für die Unterrichtsgestaltung*
Zurzeit tätig am Institut für übergreifende Bildungsschwerpunkte (IBS), Zentrum für Lerntechnologie und Innovation (ZLI), Pädagogische Hochschule Wien.

Ein Perspektivenwechsel
Oder: Italienisch für Radfahrer

Claudia Sojer

Im Herbst 2010 bezog ich mein kleines Stipendiatenzimmer im Österreichischen Historischen Institut in Rom, da ich mich Anfang jenes Jahres ebendort für ein Promotionsstipendium beworben hatte. Alle anderen Stipendiatinnen und Stipendiaten waren ebenfalls Österreicherinnen und Österreicher und, im Gegensatz zu mir, an österreichischen Universitäten inskribiert. Ich promovierte in Rom, an der sogenannten „Tor Vergata", und kannte das österreichische Hochschulsystem nur aus Erzählungen. Zwar studierte ich als Österreicherin in Italien, fühlte mich jedoch mehr als Italienerin, da ich bereits seit 2001 dort lebte. So hatte ich, bevor es mich nach Rom zog, an der ältesten Universität Europas, der Universität von Bologna, mein Magisterium abgeschlossen. Im Zuge der Forschungen für die Abschlussarbeit in Bologna stieß ich zufällig, aber getrieben von einer unbändigen Neugierde, Unbekanntes zu entdecken, auf eine unerforschte Handschrift. Das Manuskript stammt aus dem 17. Jahrhundert und setzt sich aus byzantinischen Texten zusammen, deren Antigraphen zur Gänze in der Vatikanischen Bibliothek zu vermuten waren und die ihrerseits um viele Jahrhunderte älter zu sein schienen als die frühneuzeitliche Handschrift. Weil sie aus dem Vatikan stammte, war eines naheliegend: Am besten gehe ich nach Rom! Am besten promoviere ich dort! Am besten schreibe ich eine Arbeit über diese Handschrift!

Hier war ich also. Die altehrwürdigen Hallen des Vatikanstaates waren mir nicht mehr unbekannt. Schon in meinen Grundstudien absolvierte ich regelmäßige Forschungsaufenthalte in der Vatikanischen Bibliothek. Jedoch vermochte dieser außergewöhnliche Ort seinen Zauber niemals abzulegen und blieb trotz unzähliger Stunden, die ich jeden Tag dort verbrachte, immer aufs Neue ein besonderes Erlebnis. Noch als Studentin kontaktierte ich jenen Professor, der bis dahin als der Einzige galt, der sich mit den Themen meines Forschungsfundes tiefgründig auseinandergesetzt hatte. Er war Amerikaner, damals mehr als zweimal so alt wie ich, und antwortete auf mein Gesuch um Informationen damit, dass ich von Bologna nach Rom kommen solle, denn im Vatikan träfe sich die ganze Welt. Dass jener Professor vor mehr als dreißig Jahren über den Hauptakteur meines Forschungsfundes – im Zuge seiner Dissertation – zu schreiben begonnen hatte und immer noch mit demselben Themenfeld beschäftigt war, faszinierte, interessierte und schockierte mich zugleich. Bei meinem Besuch in Rom führte er mich durch Trastevere auf den Gianicolo, wo wir auf eine Sitzbank stiegen, um eine bessere Aussicht zu haben. Gemeinsam blickten wir, der ‚alte Gelehrte' und die ‚angehende Doktorandin', über Rom, und er zeigte auf alle (!) Bibliotheken und Archive der „ewigen" Stadt und erzählte über deren Wichtigkeit für „unsere" Forschung.

Der Gegenstand meiner Promotion verlangte, das Werk eines Menschen zu ergründen, der nahezu vier Jahrhunderte älter war als ich, aus Chios stammte und irgendwann begonnen hatte, im Namen des Vatikans in seinem Heimatland Griechenland literarische Missionsarbeit zu betreiben. Es begann eine Beziehungsgeschichte der besonderen Art. Nie hätte ich gedacht, über philologische Studien einem längst verstorbenen Menschen so intensiv in seiner Lebensgeschichte, seiner Kultur, Sprache und Religion begegnen zu können. Je mannigfaltiger sich das Bild meines Protagonisten entwickelte, desto mehr entwickelte ich mich selbst. Als Stipendiatin waren mir die meisten Bibliotheken Roms schon vertraut, und es dauerte nicht lange, bis ich Rom neben Tirol und der Emilia Romagna als dritte Heimat betrachtete. Als Indikator meiner Vertrautheit fungierte mein Stadtplan, der bis auf dringende Notfälle geschlossen in meinem Bücherregal ruhte. Ebenso benötigte ich die öffentlichen Verkehrsmittel nur noch in Ausnahmesituationen, da ich seit geraumer Zeit auch in Rom ein eigenes Fahrrad besaß. Es hieß bicicletta Ronconi. Den Entschluss, es vom Straßenrand weg zu kaufen, fasste ich, als die Wartezeit bei meiner Haltestelle wieder einmal über das erträgliche Maß hinausgegangen war. Als die endlich bei mir angekommene grüne, wackelige Tram in der Viale delle Milizie nach einer Fahrzeit von gefühlten zwei Minuten plötzlich anhielt und der Tramlenker verlauten ließ, dass er nicht weiterfahren könne, weil ein Cinquecento gerade auf den Schienen geparkt worden war, war mein Entschluss gefasst. Ich sprang aus der Tram und lief zum Radverleiher meines Vertrauens.

„Wie viel kostet es, wenn ich es ‚ganz', d. h. nicht nur für eine oder zwei Stunden, sondern für immer nehme?", fragte ich auf Italienisch den Fahrradverleiher am Eingang des Villa-Borghese-Parks, wo er jeden Tag für „Fahrradverleih Ronconi" stand und wo ich jeden Tag joggen ging. Wir kannten uns schon ein wenig, denn jedes Mal, wenn ich vorbeilief, tauschten wir ein „Ciao", ein „Come va?" und noch ein paar andere Worte aus. Deshalb wusste ich, dass er von irgendwo aus dem Osten kam, zwei Kinder, eine Frau und ein Magengeschwür hatte und am Parkeingang sieben Tage die Woche für einen Hungerlohn Fahrräder verlieh, reparierte und kustodierte.

Von nun an stürzte ich mich mit ungewohnter Autonomie mit meinem neuen alten „Leihrad" sowohl in enge Quartiersgassen als auch in mehrspurige Autoreihen auf Roms Hauptadern, wo ich fröhlich an stehenden Autokolonnen und blockierten Straßenbahnen vorbeiradelte. Die Fahrt auf dem vierspurigen Corso d'Italia zur Italienischen Nationalbibliothek war dennoch lebensgefährlich, da es in Rom nahezu keine Fahrradwege gibt und man Fahrradfahrer im Allgemeinen nicht gewohnt ist. Alsbald konnte ich jedoch all jene Bibliotheken und Archive, die ich erst wenige Jahre zuvor auf einer Sitzbank am Gianicolo stehend kennengelernt hatte, in – für römische Verhältnisse – sehr kurzen Zeitspannen und wann immer ich (!) wollte, persönlich anfahren, benutzen und auf mein Forschungsthema hin durchsuchen. Im Lauf der Zeit verinnerlichte ich eine statistische Zeitabschnittsmappe, wonach ich genau wusste, wie lange – gestaffelt in 10, 15, 20 und 25 Minutenspannen – ich zu welchen Archiven und Bibliotheken mit meiner bicicletta Ronconi benötigen würde.

Aber, wie mein Protagonist in einem seiner Schreiben, das sich heute im Vatikanischen Geheimarchiv befindet, festhielt, solle man nicht auf ein paar kleine unbedeutende Details – wie in meinem Fall die Stoppzeiten zu einzelnen Bibliotheken und Archiven oder im Endeffekt unbedeutende, wenngleich auch ärgerliche Tramblockaden –, sondern auf das Universale achten – so wie die Geschichten der alten Griechen. Ebenso blicke ich auf meine Dissertationszeit als einen Lebensabschnitt, der zu einem Ganzen gehört und die Sicht auf das Ganze um mehrere Blickwinkel erweitert und – wenn man so will – einem die Chance gibt, ein und dieselben Dinge aus verschiedenen Perspektiven betrachten zu können.

Zur Autorin
Mag.[a] Dr.[in] Claudia Sojer

Studium der Archiv-, Buch- und Dokumentationswissenschaften sowie der Geschichtsforschung mit Schwerpunkt in Byzantinischer Philologie- und Literaturgeschichte an der Universitá di Bologna und an der Universitá degli Studi di Roma Tor Vergata.
Fachbereich der Promotion: Geschichte des Christentums und der Kirchen
Titel der Dissertation: *Die „Graecia orthodoxa" von Leo Allatios: Quellen, Editionsgeschichte, Kontext, Zwecke (La „Graecia orthodoxa" di Leone Allacci: fonti, storia editoriale, contesto, finalità)*
Zurzeit tätig als wissenschaftliche Mitarbeiterin im FWF-Projekt zur Erschließung der Handschriften der Universitäts- und Landesbibliothek Tirol.

Die Dissertationsschrift:
Über Gedankenknäuel, Haarausfall und Erkenntnisernte

Dolce far niente?

Claudia Schmied

Seit ich mich zurückerinnern kann, war mein Leben von Leistungsgedanken geprägt. „Dolce far niente" stand nie auf der Tagesordnung. Für mehr als drei Jahrzehnte wurden Ziele verfolgt, Projekte realisiert, Prüfungen abgeschlossen.

Die ersten beiden Studienabschnitte absolvierte ich in Mindeststudienzeit. Beflügelt und ermutigt von dem Erfolg, nun einen akademischen Grad – Magister – zu besitzen, wollte ich als Doktorandin genussvoll und vor allem entspannt das studentische Leben auskosten. So plante ich voller Freude meine kommende Zeit. In den vorgelegten Bahnen wollte ich in einem entschleunigten Tempo mich nicht nur der Lektüre zu meiner Dissertation widmen, sondern nahm mir vor, der Kunst, dem Theater und vor allem der Reiterei mehr Zeit und Raum zu geben und somit auch etwas Müßiggang zu pflegen.

Anfänglich erschien dieses Vorhaben vielversprechend. Mein Doktorvater – von mir wahrgenommen als unerschütterliche und alles überdauernde Instanz – überließ, wie es an vielen Instituten Usus war, die Betreuungsarbeiten zu großen Teilen seinem Assistenten. Mit diesem war ich in regelmäßigem, aber keinesfalls zu engmaschigem Austausch. So lief das Ganze recht entspannt vor sich hin. Doch gerade als ich begonnen hatte, mich dem neu gewonnenen Rhythmus anzupassen, ereilte mich eine Nachricht, die von einem Moment auf den anderen allem ein jähes Ende bereitete: „Der Herr Professor emeritiert!" Nun weiß man, dass eine solche Nachricht noch nicht aller Tage Abend bedeuten muss, viele Professoren betreuen auch nach ihrer Emeritierung Studierende weiter – manche bis ins hohe Alter. Noch voller Hoffnung, mein „neues Leben" nicht aufgeben zu müssen, erschien ich zu einem vereinbarten Arbeitstreffen mit dem für mich verantwortlichen Assistenten. Jedoch wurde ich bereits mit dem Hinweis empfangen, es müsse umgehend die Frequenz der Treffen erhöht werden, schließlich rücke die Emeritierung näher – und somit das nun nicht mehr von mir festgesetzte Abgabedatum auch.

Da war sie dahin, meine bohemische Lebensgestaltung. Mein Professor hatte sich gegen ein „phasing-out" entschieden – und somit auch ich. Mein extra Jahr: gestrichen. Ich kehrte also zurück in die alten Muster, erhöhte die Taktzahl. Da waren sie wieder, die altbekannten Wegbegleiter: Unsicherheit, Termindruck, „Gestresst-Sein"; verloren der Müßiggang. Wie erwartet, schloss ich meine Arbeit rechtzeitig mit der Emeritierung meines Professors ab. Meine Promotion war an einem Donnerstag, daran erinnere ich mich noch, freitags um acht Uhr begann mein Berufsleben. Alle folgenden Wechsel ereigneten sich ähnlich rasant, ähnlich abrupt – es blieb nie wirklich Zeit zu reflektieren oder Abschied nehmen zu können.

Die Sehnsucht nach „dolce far niente" jedoch war nie weg – sie ist mir bis heute geblieben. Und nun, nach einer Übergangsphase, nehme ich mir die Zeit, meinen damals verlorenen Müßiggang wieder aufzunehmen, mich auch wieder den Pferden und der Reiterei zu widmen und all die Abenteuer und Erlebnisse reflektierend Revue passieren zu lassen.

Zur Autorin
Mag.ª Dr.ⁱⁿ CLAUDIA SCHMIED

Studium der Sozial- und Wirtschaftswissenschaften an der Wirtschaftsuniversität Wien.
Fachbereich der Promotion: Unternehmensrechnung und Revision
Titel der Dissertation: *Problematik des Informationsstandes zum „Zeitpunkt" der aktienrechtlichen Jahresabschlusserstellung unter besonderer Berücksichtigung der gesetzlichen Niederstwertvorschrift*
Zurzeit tätig als Lehrbeauftragte an der Leopold-Franzens-Universität Innsbruck, an der Pädagogischen Hochschule Steiermark und an der Fachhochschule Campus Wien. Themen der Lehre sind Schulentwicklung, Management und Politik.

Prokrastination

Livia A. J. Rößler

Wenn ich mir ein Wort, das unter all den Wörtern, die mir während meiner schier nicht enden wollenden Lektüre hängen geblieben sind, aussuchen könnte, so ist es das Wort „Prokrastination". Hierunter versteht man – um in schönem definitorischem Stile zu bleiben – das Phänomen des extremen Aufschiebens (vgl. hierzu vollkommen unwissenschaftlich Wikipedia). Warum ist es genau dieses Wort, das hängen blieb? Offensichtlich, weil es das Phänomen beschreibt, das mich in meiner noch andauernden Phase der Dissertation am meisten herausfordert. Man muss vielleicht kurz die Genese meines wissenschaftlichen Arbeitens entfalten, um zu verstehen, warum dieses Wort eine solche Wirkmacht auf mich ausübt.

Meine erste „wissenschaftliche" Arbeit habe ich im Alter von zarten siebzehn Jahren verfasst. Es handelte sich um eine Fachbereichsarbeit, die man optional im österreichischen Schulsystem als Teil der schriftlichen Matura schreiben konnte. Sinn und Zweck einer solchen Arbeit war das erste Herantasten an wissenschaftliche Arbeitsweisen. Auch die Vorgaben waren überschaubar. Maximal dreißig Seiten, in erster Linie eine Literaturrecherche. Ambitioniert und begeisterungsfähig wie ich war, entschied ich mich, mir justament jenen Lehrer auszusuchen, der bereits im Vorfeld angemerkt hatte, dass jede Schülerin und jeder Schüler, die/der es wagen sollte, eine Fachbereichsarbeit in seinem Fach auch nur anzudenken, mit ernsten Konsequenzen rechnen müsse. Unbändig ließ ich mich nicht abhalten von solchen Androhungen und hielt eisern an meinem Vorhaben fest, eine solche wissenschaftliche Arbeit schreiben zu wollen. So geschah es dann auch, und mir wurde, gemäß der Vorwarnung, nahegelegt, die Arbeit mit einem empirischen Teil aufzuwerten. Ich tat, wie mir geheißen, und entwickelte eine Forschungsfrage, die sich mit Schnecken in Innsbrucks Gärten auseinandersetzte. So durchstreifte ich in den zehn Monaten vor meiner schriftlichen Reifeprüfung mehrmals zehn Innsbrucker Gärten auf der Suche nach sämtlichen, der Familie der Schnecken zugehörigen Spezies und hortete Datenmaterial in Hülle und Fülle. Unbedarft und überfordert, gleichzeitig gejagt und getrieben von nicht enden wollenden Prüfungen, Schularbeiten und Maturavorbereitungen, verfasste ich „nebenbei" eine 90-seitige Abschlussarbeit – von Prokrastination weit und breit keine Spur.

Sechs Jahre später fand ich mich abermals in der Situation wieder, eine Abschlussarbeit verfassen zu müssen. Auch dieses Mal ähnliche äußere Umstände: wieder eine große Aufgabe und wenig Zeit. Konfrontiert mit der Herausforderung, fast Vollzeit zu arbeiten und nebenher ein 26-köpfiges Team zu leiten, blieben mir nur die Nächte und der Sonntag, um die Abschlussarbeit in wenigen Monaten entstehen zu lassen. Eine Deadline klar im Blick, Prokrastination – keinesfalls. Es folgten drei Jahre mit zwei Parallelanstellungen, die beide kein Aufschieben von Dingen und Entscheidungen möglich machten.

Im September 2014 trat ich meine neue Arbeitsstelle an. Wieder hatte ich mich dafür entschieden, mich der Herausforderung einer wissenschaftlichen Abschlussarbeit zu stellen: einer Dissertation. Doch diesmal war so alles anders als die Male davor.

Meine Tage waren frei, meine Arbeitsaufgaben vage und mein Zeithorizont (drei Jahre) gefühlt endlos lang. Und so – ohne es mitzubekommen – erlernte ich Prokrastination. Es war ein schleichender Prozess. Immer wieder fanden sich kleinere Aufträge, Präsentationen, Vorträge, Zwischenprojektberichte, die wichtiger waren, schneller, vorher erledigt werden mussten. „Drei Jahre, die dauern lang", dachte ich mir. Ein Wochenendtrip mit Freunden – klar, man ist nur einmal so jung und überhaupt, Berlin sieht in zwei Jahren ganz anders aus. Für die Dissertation bleibt mir noch genügend Zeit.

So schnell konnte ich nicht schauen, war mein erstes Projektjahr bereits um. Ich war im Feld, ich hatte Daten, ich konnte loslegen – aber eigentlich hatte ich ja immer noch zwei Jahre Zeit. Zwei Jahre – eine Ewigkeit. Das ging so von Woche zu Woche, von Monat zu Monat. Langsam wurde ich nun doch nervös. Um meinem neuen liebgewonnenem Phänomen begegnen zu können, begann ich mir selbst Deadlines zu setzen. Doch die Deadlines verstrichen, ohne Konsequenzen. Mein Plan ging nicht auf. Wieder kamen viele neue spannende Aufgaben dazu, die schneller, zeitnaher erledigt werden mussten. Projekte, die tatsächliche, von anderen gesetzte Abgabetermine hatten. Wieder verschob ich die Dissertation nach hinten, und wieder verging ein ganzes Jahr.

Nun ist August – Sommer, endlich sitze ich da, selbst auferlegte vier Wochen: nur ich und meine Dissertation. Zeitpläne werden ausgearbeitet, in meinem Kopf Deadlines gesetzt, doch fatalerweise erlebte ich, wie viel ich weiterbringen kann, wenn ich mich nur einmal vier Wochen hinsetze und mich mit einem Thema beschäftige. Jeder Selbstüberlistung zum Trotz, wusste und weiß ich tief in mir – ich kann nur unter Druck arbeiten, und diesen Druck erzeuge ich nur durch Aufschieben, bis die Deadlines so nahe sind, dass ich Tag und Nacht arbeiten muss.

Die für mich größte Herausforderung beim Schreiben meiner Dissertation ist die Freiheit, die mit der Promotion einhergeht, und das hohe Maß an Selbstdisziplin, das sie mir abverlangt. Hinter vorgehaltener Hand werde ich wohl am Ende meiner Dissertation sagen können, dass ich nicht im höchsten Maß meine fachliche Kompetenz ausgebaut haben werde, sondern meine Selbstkompetenz und meinen Willen dranzubleiben. Sollte die Dissertation denn tatsächlich jemals fertig werden ... Es scheint nämlich gerade schon wieder die Sonne, und die Wanderung mit den Freunden wird bestimmt nur in diesem Jahr so wunderschön werden.

Zur Autorin
Mag.[a] Livia A. J. Rössler

Studium der Germanistik und Biologie (Lehramt) an der Leopold-Franzens-Universität Innsbruck und der Göteborgs universitet (Schweden).
Fachbereich der Promotion: Bildungswissenschaften, Schwerpunkt Schulentwicklung
Angedachter Titel der Dissertation: *Institutionelle Responsibilität als Einflussfaktor für regionale Schulentwicklung in einer ländlich-alpinen Region*
Zurzeit tätig als wissenschaftliche Projektmitarbeiterin am Institut für LehrerInnenbildung und Schulforschung der School of Education, Leopold-Franzens-Universität Innsbruck.

Die Doktorarbeit als gelebte Aporie

Franz Gumpitsch

Auf die Frage, warum ein Dissertationsvorhaben nicht nur begonnen, sondern auch weiterverfolgt wurde, antworten viele Dissertantinnen und Dissertanten nur mit einem Achselzucken. Hat sich die anfängliche Euphorie gelegt, begegnet die angehende Dissertantin bzw. der angehende Dissertant sehr schnell der Realität, die sich nicht nur in einer Vielzahl an bürokratischen Abläufen bemerkbar macht, sondern auch Ängste zutage treten lässt. Ängste, den wissenschaftlichen und à la longue den eigenen Ansprüchen nicht zu genügen.

Auch ich hatte eine naive, unreflektierte Idee hinsichtlich des geplanten Ablaufs meines Dissertationsvorhabens. Ein Thema war schnell gefunden, erste Literatur umgehend recherchiert, bis dann – wie beim Marathon – der Mann mit dem berühmten Hammer kam. Ein Hammer, der mir buchstäblich den Atem raubte, dessen es bedurfte, um an der Arbeit „dran-"zubleiben. Ab diesem Zeitpunkt avancierte ich zum Meister der Prokrastination. Keine Ausrede war zu schlecht, um nicht dafür herzuhalten, mit dem Forschungsprozess bzw. dem Schreiben der Dissertation nicht fortzufahren. Ich begab mich zeitgleich auf den Weg des vermeintlich geringsten Widerstands und begnügte mich zur Gewissensberuhigung mit dem Abfassen eines Forschungstagebuchs, das sich für die gesamte Forschung als äußerst dienlich erweisen sollte. Dieses Tagebuch ermöglichte eine qualitative Differenzierung der Dissertation, die ich ansonsten nie erreicht hätte, und erlaubte mir auch eine ungeahnte Persönlichkeitsentwicklung. Doch diese Vorteile sollten sich erst gut fünf Jahre später offenbaren.

Erst jetzt, am Ende meines Dissertationsvorhabens, kann ich nach eingehender Ursachenforschung im Rahmen diverser Selbstreflexionen offen über diese Anfangsphase sprechen. Eine Anfangsphase, in der ich immer gereizt reagierte, wenn ich über den Fortschritt der Dissertation befragt wurde. Letztlich muss ich eingestehen, dass es schlichtweg die Angst vor dem leeren Blatt Papier war, die mich paralysierte. Eine Angst, die ihren Ursprung wohl in den immer höher gesteckten bürokratischen Anforderungen wissenschaftlichen Arbeitens findet – Anforderungen, die das Zitieren zum reinen Selbstzweck mutieren lassen und in der derzeitigen „Plagiatshexenjagd" gipfeln. Mir scheint fast, dass sich jede Dissertantin und jeder Dissertant beständig im rechtlichen und auch wissenschaftlichen Graubereich bewegt, dem allerdings nicht so ohne weiteres auszuweichen ist. Selbst wenn versucht wird, alles richtig und ordnungsgemäß abzuwickeln, schwingt beim Dissertieren ständig die Angst vor Fehlern mit, die die Forscherin/den Forscher an den wissenschaftlichen Pranger bringen.

Ein weiterer problematischer Faktor ist die stetige Beschleunigung der Welt, die auch im wissenschaftlichen Feld zu Buche schlägt. Diverse Abschlussarbeiten oder sonstige Papers müssen in immer kürzerer Taktung abgegeben werden, um den wissenschaftlichen Erfolgsindizes Genüge zu leisten. Auch wenn es nur logisch scheint, dass dadurch in qualitativer Hinsicht eine Nivellierung nach unten erfolgt, wird diesem Trend kein Riegel vorgeschoben.

Was von solchen Entwicklungen bleibt, ist die voranschreitende Einbuße wissenschaftlicher Kreativität. Erst die lange Zeit, die ich für die Dissertation benötigte, ermöglichte es mir letztlich, zum heutigen, umfassenden Erkenntnisstand zu gelangen. Nur durch diesen verlängerten Prozess erreichte meine Dissertation die Qualität und Tiefe, die sie heute aufweist, da die Inhalte einer ständigen kritischen, reflektierten Prüfung unterzogen werden konnten und auch Zeit hatten, sich entwickeln zu können. An dieser Stelle sei insbesondere auf das bereits angeführte Forschungstagebuch verwiesen. Ein Monumentalwerk, das im Lauf der Jahre auf über 800 Seiten anwuchs und einen Seelenspiegel der vergangenen beruflichen und privaten Erlebnisse dokumentiert. Ein Werk, das ich im Rahmen meiner Datenauswertung mit teils voyeuristischem Genuss erneut verarbeitete. Auch wenn oder gerade weil es kein handgeschriebenes Opus Magnus ist, war ich aufgrund der erhöhten Schreibgeschwindigkeit in der Lage, jegliches noch so kleine Gemütsrauschen zu erfassen. Dank der heutigen Digitalisierung und Miniaturisierung hatte ich mein Tagebuch zudem in allen Lebenslagen zur peinlichen Dokumentation am Ende des Tages sofort parat – sei es via Mobiltelefon oder Laptop. Es ist heute schon unheimlich amüsant, wenn ich auf mein fünf Jahre jüngeres Selbst blicken kann und mir ob der ‚jugendlichen' Naivität das eine oder andere Lachen nicht verhalten bleibt. Insbesondere fällt mir hierbei der durch meinen Professor zitierte Gottfried Keller ein: „Ein Mann ohne Tagebuch (er habe es nun in den Kopf oder auf Papier geschrieben) ist, was ein Weib ohne Spiegel." In beiden Fällen wird der eigene Narzissmus befriedigt. In beiden Fällen ist die Tendenz zur Beschönigung eventueller Makel vorhanden. Erst durch bewusste, teils schmerzliche Reflexion dieser Tatsache gelang mir die Fortentwicklung der eigenen Persönlichkeit und letztlich auch meiner Arbeit.

Was kann ich also angehenden Doktorandinnen und Doktoranden oder jenen, die mitten im Prozess stehen, mitgeben? An erster Stelle stehen Geduld sowie Beharrlichkeit und der Mut zum kleinen Schritt. Meine Mutter pflegte stets zu sagen: „Es geschieht nichts Gutes, außer man tut es." Dem kann ich mich nur anschließen. Aller wissenschaftlichen Freiheit und Nachhaltigkeit zum Trotz gilt es – nicht zuletzt auch dem persönlichen Seelenheil zuliebe –, zu einem Ende, zu einem Ergebnis zu kommen. Die wissenschaftliche Freiheit muss sich irgendwann Bestimmung geben. Diese Bestimmung bleibt aber ungeachtet aller pragmatischen Finalisierungstendenzen ein Prozessbegriff. Ein Prozess, der eben durch ein solches kritisch reflektiertes Tagebuch befeuert werden kann.

Zum Autor
Mag. (FH) Dr. Franz Gumpitsch

Studium der Militärischen Führung an der Theresianischen Militärakademie in Wiener Neustadt sowie Studium der Philosophie mit Schwerpunkt auf Gruppen- und Organisationsdynamik an der Alpen-Adria-Universität Klagenfurt.
Fachbereich der Promotion: Psychologie
Titel der Dissertation: *Warum funktioniert Militär? Eine gruppen- und organisationsdynamische Analyse am Beispiel des Österreichischen Bundesheeres*
Zurzeit tätig als Projektmanager mit Schwerpunkt auf Systemintegration, Hochfrequenztechnik sowie in Informations- und Kommunikationstechnik.

At the edge of reason

Evi Agostini

Es begann alles ganz harmlos. Meine Doktoratskollegin und ich fuhren nach Malta. Nicht in den Urlaub. Sondern auf eine Konferenz. Man darf uns nicht vorwerfen, dass wir die Konferenz (nur) nach dem Ort ausgesucht hatten. Aber wenn das Paper, das man dort vorstellte, auch noch in einer gelisteten Zeitschrift veröffentlicht wurde, durfte es – guten Gewissens – auch einmal Malta sein! Aber von vorn: Anfang Februar fuhren meine Kollegin und ich also auf die Konferenz nach Malta. Zu diesem Zeitpunkt waren wir seit etwas mehr als zwei Jahren in ein Doktoratsprogramm an der Freien Universität Bozen inskribiert. Das Interessante an diesem Programm war, dass es über ein öffentliches Aufnahmeverfahren geregelt und auf drei Jahre angelegt war. Die meisten Doktorandinnen und Doktoranden erhielten ein Stipendium, arbeiteten Vollzeit an ihrer Dissertation und schafften es, innerhalb dieser vorgesehenen drei Jahre zu promovieren. Überziehen war möglich, dies ging jedoch mit erheblichen Kosten einher. Überziehen kam für mich keinesfalls in Frage!

Ich freute mich auf Malta. Obgleich meine Kollegin und ich in unterschiedlichen Fachbereichen promovierten, waren wir immer wieder einmal gemeinsam unterwegs. Wir waren also geprüfte Reisegefährtinnen. Der Vortrag in Malta selbst ließ mich kalt. Ich fühlte mich einigermaßen gut vorbereitet, und die Erwartungen an die internationale Konferenz hielten sich in Grenzen. Wahrscheinlich würden sowieso nur Amerikanerinnen und Amerikaner sowie Asiatinnen und Asiaten vor Ort sein, die sich wichtigmachen würden. Außerdem war ich müde. Da ich kein Stipendium erhielt, arbeitete ich Vollzeit als Forschungsbeauftragte an drei unterschiedlichen Forschungsprojekten mit und hatte zudem meinen ersten Lehrauftrag zu erfüllen. Promovieren mutierte zur Freizeitbeschäftigung. Dabei lag mir meine Dissertation sehr am Herzen. Da ich zu diesem Zeitpunkt gerade erst von einem zweimonatigen Forschungsaufenthalt in Deutschland zurückgekehrt war, der mir mannigfaltige Ideen und viel Zuspruch beschert hatte, war ich hoch motiviert. Jedes Wochenende und viele Nachtstunden verbrachte ich damit zu lesen und zu exzerpieren. Gut 80 Seiten hatte ich bereits verschriftlicht. Nichtsdestotrotz war ich von steten Selbstzweifeln geplagt. Verstand ich es richtig? Konnte man das so schreiben? Durfte man es so machen?

Das Wetter in Malta war herrlich. Der Vortrag ging glatt über die Bühne, und meine Kollegin und ich saßen entspannt bei einem Glas Wein auf der Terrasse eines Restaurants. So entspannt, dass ich das Handy zückte und die Mails abrief, unter ihnen eine, die mich an den Rand des Wahnsinns trieb: Sie meldete mir die Deadline zur Abgabe der Dissertation. Ab diesem Zeitpunkt war alles anders. Das klingt sehr dramatisch, aber das war mein Eindruck. Während meiner Zeit in Malta überfiel mich eine riesengroße Müdigkeit. Da meine Kollegin schwanger und ständig ermattet war, kam mir das sehr gelegen. Wir schliefen um die Wette. In den Phasen meiner Wachheit rechnete ich ständig nach, wie viel Zeit mir noch blieb. Nicht einmal mehr ganze zehn Monate!

Wieder zu Hause, war die Müdigkeit wie abgeschüttelt. Mich packte eine frenetische Unruhe. An meinen Forschungsprojekten war ich nur mehr mit großem Widerwillen beteiligt. Ständig sprach ich davon, dass mir die Zeit davonlief. In jeder freien Sekunde versuchte ich, an meiner Dissertation zu schreiben, vergrub mich die halbe Nacht in meinem Büro, um frühmorgens todmüde ins Bett zu wanken. Und trotzdem hatte ich ständig das Gefühl, auf der Stelle zu treten. Alles was ich schrieb, schrieb ich am darauf folgenden Tag wieder um. Meine Familie und mein Freund versuchten mich zu beruhigen. Sie konnten nicht nachvollziehen, was plötzlich in mich gefahren war! Ich schickte ein Kapitel meiner Dissertation an meine geschätzte Mentorin nach Deutschland, auf eine Rückmeldung wartete ich jedoch vergeblich. In meinem Kopf spielten sich die schrecklichsten Horrorszenarien ab – eines schlimmer als das andere. Hatte ich einen absoluten Blödsinn verfasst und sie wusste nicht, wie sie es mir freundlich rückmelden konnte? Hatte ich falsch zitiert, womöglich sogar plagiiert? (Als ich mich nach über einem Monat endlich einmal traute nachzufragen, stellte sich heraus, dass sie meinen Text gar nicht erhalten hatte!). Und plötzlich ging gar nichts mehr. Ich saß vor meinem Computer und starrte auf den Bildschirm. Die Hände verharrten reglos auf der Tastatur. Verzweifelt klappte ich nach endlosen Stunden des Stierens den Laptop zu, immer in der Hoffnung, dass es mit dem Schreiben bestimmt morgen klappen würde.

Ganze dreieinhalb Monate dauerte meine Schreibblockade. In dieser Zeit wurde ich fast wahnsinnig, so nutzlos fühlte ich mich. Unzählige Versuche, mich zum Schreiben zu bewegen, missglückten. Obgleich theoretisch eine Verfechterin der Leibphänomenologie Maurice Merleau-Pontys, war ich praktisch doch eher eine Anhängerin von Immanuel Kants Credo: „Ich kann, weil ich will, was ich muss." Dass dies nicht klappt, musste ich während dieser langen Monate schmerzlich am eigenen Leib erfahren. Es klappte erst wieder, als ich den Gedanken verwarf, jemals zu promovieren. Diese meine Entscheidung tat ich auch sogleich lautstark kund. Meine Familie und meine Freunde bestärkten mich darin weiterzumachen. Mein Partner meinte, ich sei nun endgültig verrückt geworden! Zu dieser Zeit neigte sich das Semester dem Ende zu. Die Projekte, in die ich involviert war, liefen aus. Die Rückmeldung meiner Mentorin aus Deutschland traf ein. Wie immer äußerte sie sich sehr wertschätzend über meine Arbeit, gab mir wertvolle Hinweise und bestärkte mich in meinen Gedanken und Ausführungen. Auch meine Betreuer sparten nicht mit Lob. Ganz glauben konnte ich ihnen dennoch nicht. Keiner meiner Gedanken gefiel mir mehr. Die viele Arbeit hatte an mir gezehrt. „Urlaub" war zum Fremdwort geworden. Überdies blieben mir nur mehr sechseinhalb Monate bis zur offiziellen Abgabe meiner Dissertation.

Ich weiß gar nicht mehr genau, wann und wieso ich wieder mit dem Schreiben anfing. Ich erinnere mich nur mehr daran, dass ich eines morgens aufstand, mich an den Computer setzte, die 80 Seiten in den Papierkorb verschob und ein neues Dokument öffnete. Ich begann mit dem Vorwort, genauer gesagt, mit der Danksagung. Denn genau diesen Personen, die mich inhaltlich bestärkt und mir in dieser für mich sehr schwierigen Zeit liebevoll zur Seite gestanden hatten, gebührt auch heute noch mein Dank! Und plötzlich ging alles ganz leicht. Ich schrieb jeden Tag mindestens fünf Seiten. Fünf Seiten, die nicht mehr überarbeitet werden mussten. Und reichte meine 383 Seiten starke Dissertation fristgerecht ein.

Zur Autorin
Mag.[a] Evi Agostini PhD

Studium der Bildungswissenschaften an der Freien Universität Bozen und der Kultursoziologie an der Leopold-Franzens-Universität Innsbruck.
Fachbereich der Promotion: Allgemeine Pädagogik
Titel der Dissertation: *Lernen im Schnittfeld zwischen Reproduktion und Transformation. Eine pädagogische-phänomenologische Studie zum Phänomen Er-finden in der schulischen Erfahrungswelt*
Zurzeit tätig als Universitätsassistentin (Post-doc) an der School of Education, Institut für LehrerInnenbildung und Schulforschung an der Leopold-Franzens-Universität Innsbruck.

Nicht nur Intellekt ist gefragt!

Barbara Gross

Im Jahr 2014 habe ich mich an der Freien Universität Bozen für ein Doktoratsstudium in *Allgemeiner Pädagogik, Sozialpädagogik und Allgemeiner Didaktik* beworben und die Chance bekommen, in der empirischen Bildungsforschung Fuß zu fassen. Ich konnte bereits damals beobachten, dass Doktorandinnen und Doktoranden stolz darauf sind, ein Stück Wissenschaft mitgestalten zu dürfen. Jede Doktorarbeit sollte so ausgelegt werden, dass sie der Wissenschaft und somit im weiteren Sinn dem Kollektiv Nutzen bringt. Dass das persönliche Wohlbefinden besonders wichtig ist, um leistungsfähig zu sein und um das soeben genannte Ziel zu erreichen, gerät oft in Vergessenheit. Den persönlichen Bedürfnissen wird auch deshalb wenig Beachtung geschenkt, weil es doch so viele wichtige und anspruchsvolle Themen gibt, die erforscht werden müss(t)en. Gerade deshalb möchte ich über eine Problematik schreiben, die Doktorandinnen und Doktoranden als Einzelpersonen betrifft. Als angehende Doktorandin hatte ich damals keinen Begriff davon, welche Mühen, Sorgen und Entscheidungen auf mich zukämen, bis ich schlussendlich zu meinem Ziel gelangen würde: unserer Gesellschaft gedient zu haben und eine Bestätigung über erworbene Kompetenzen und Fähigkeiten überreicht zu bekommen. Zu Beginn des Doktorats sah ich diesen zukünftigen Prozess als eine aufregende und lange Reise, einen neuen Lebensbereich, in dem mein Gehirn durch unfassbare Anregungen aufblühen würde. Eine Welt, die vergleichbar mit der meines dreijährigen Neffen ist, der mit Neugier die Magie der Zahlen entdeckt und sogar nachts im Traum an diese wunderbare Welt denken muss. Mein anfänglicher Enthusiasmus wurde bald getrübt von jenen Momenten, in denen ich allein am Schreibtisch saß und versuchte, meine konfusen Ideen zu Papier zu bringen. Es waren Momente, in denen sich meine Gedanken zu einem scheinbar irreversiblen Knäuel im Gehirn zusammenfügten und dieser unverdaut im Magen landete – Bauchschmerzen und schlaflose Nächte inklusive. Unzählige somatische Beschwerden im ersten

Jahr ließen nur erahnen, welchen Aufwand Körper und Geist auf sich nehmen mussten. Mehrere Symptome, die sich bei Gleichgesinnten oder bei mir persönlich zeigten, gaben mir zu verstehen, dass zwischen dieser neuen Aufgabe und den körperlichen Beschwerden sehr wohl ein Zusammenhang bestand. Von anderen Doktorandinnen und Doktoranden hörte ich beispielsweise von Schmerzen im Nacken und im Rücken, ständiger Müdigkeit, Hautproblemen, Ohrenschmerzen und Veränderungen des Appetits, seit sie mit dem Doktorat begonnen hatten. Eines meiner persönlichen Schlüsselerlebnisse in dieser Zeit war die Entdeckung meines ersten grauen Haares. Von anderen Promovendinnen und Promovenden hatte ich bereits gehört, dass sie in der Zeit der Doktorarbeit zunehmend ergraut waren oder über Haarausfall zu klagen hatten. Nein, sagte ich mir damals, ich sicher nicht. Schließlich war kein Anzeichen da. Es passierte dann in meinem verdienten Urlaub, als ich voller Freude am Meer angekommen war und im Autospiegel noch schnell kontrollieren wollte, ob ich das Gesicht sorgfältig mit Sonnencreme eingecremt hatte. Und da war es! Senkrecht stand es nach oben. Damit muss man eben leben, sagte ich mir. Weniger gut konnte ich allerdings mit den Nächten umgehen, in denen ich schweißgebadet erwachte. Immer wieder träumte ich von meiner ersten Präsentation auf einer internationalen Tagung. Ich wiederholte im Traum Teile des Vortrags und was dabei schieflaufen konnte oder wie ich am Tag der Konferenz alle möglichen Hindernisse bewältigen musste, um rechtzeitig an Ort und Stelle zu sein. Wahrscheinlich war es die Furcht zu versagen und die Furcht, den eigenen Ansprüchen nicht gerecht zu werden. Doch nicht nur in den Träumen gab es solche Zeichen. Auch am Tag der Präsentation war ich nicht befreit von körperlichen Signalen. Um mit den Gefühlen – von Stress bis Euphorie – umgehen zu können, machte sich das Herz bemerkbar. Es schlug mir bis zum Hals. Man könnte argumentieren, dass dies positiv sei, schließlich erhöht ein kurzfristig beschleunigter Herzschlag das Reaktionsvermögen und steigert die Leistungsfähigkeit. Dadurch verhalf mir mein Herz zu einem reibungslosen Vortrag und zum Gefühl der Zufriedenheit. Dennoch sollten diese psychosomatischen Beschwerden nicht zum Dauerzustand werden. Nun aber nochmals zurück zu den Nächten: Nicht nur die Nächte vor und nach Präsentationen auf internationalen Konferenzen änderten sich. Allgemein gesehen wurden die Nächte im ersten Jahr kürzer, und sie wurden unterbrochen von blitzartigen Ideen, die mitten in der Nacht zu Papier gebracht werden mussten, damit sie nicht als ungeschriebene Hypothesen für immer verloren gingen. Mehrmalige Versuche, die Gedanken, die mir im Schlaf kamen, morgens durch verschiedene Techniken wiederherzustellen, verliefen ohne Erfolg. Deshalb musste auch ich lernen, diese nächtlichen Opfer auf mich zu nehmen. Seitdem liegen ein Stift und ein Blatt Papier neben meinem Bett bereit. Nächte begannen Tagen zu ähneln, und Wochentage hatten keine Bezeichnung mehr. Nach Wochen, in denen Sonntage und Montage identisch waren, kein Platz mehr für Hobbies war und soziale Kontakte vermehrt hintangestellt wurden, gab es schließlich auch Wochen, in denen ich so gut wie gar nichts zustande brachte und schon fast glaubte, ganz weit entfernt von diesen Problemen zu sein. Doch keine Sorge – die erstgenannten Zeiträume haben mich wieder heimgesucht!

Dennoch bin ich überzeugt, dass es einen Schlüssel zum mentalen und körperlichen Wohlbefinden in der Promotionsphase gibt, man muss ihn nur suchen. Ich habe meinen gefunden, er heißt Sport. Jede und jeder Einzelne kann für sich einen Weg finden, das innere Gleichgewicht aufrechtzuerhalten. Schließlich wird auch die wissenschaftliche Arbeit davon profitieren.

Zur Autorin
Mag.[a] Barbara Gross

Studium der Bildungswissenschaften an der Freien Universität Bozen und Psychologie an der Universitá di Padova.
Fachbereich der Promotion: Allgemeine Pädagogik
Titel der Dissertation: *The Interrelation between Social and Individual Factors affecting Multilingual Education in South Tyrol: A Mixed Methods Research*
Zurzeit tätig als Doktorandin in Allgemeiner Pädagogik, Sozialpädagogik und Allgemeiner Didaktik an der Freien Universität Bozen.

Über Serendipity, Epiphany und Haarausfall

Nadja M. Köffler

Es ist 1:45 Uhr. Motten kleben am lichtdurchtränkten Fenster. Die Stadt ruht vor meinen Füßen. Das neonfarbene Leuchten des ORF-Gebäudes hat sich bereits in fahles Grau verwandelt. Ähnlich ergeht es der Genialität meiner Ideen. Ich raufe mir die Haare, denke nach, nippe am kalten Milchkaffee und beuge mich grübelnd über einen Stapel unordentlich drapierten Papiers. Körperlich bin ich müde, doch meine Gedanken treiben ihr Unwesen und fahren Karussell. Ich stehe auf, drehe Kreise, setze mich hin und fahre mir erneut durchs Haar. Mit vertrautem Schrecken stelle ich fest, dass ich ein Haar nach dem anderen verliere. Seit einem Jahr hinterlässt diese unermüdliche Denkarbeit, diese besondere Form der nächtlichen Gedankenquälerei, ihre Spuren auf meinem Kopf. Für den Reichtum an Weisheit und Erkenntnis muss man wohl auch Haare lassen! Ist vermutlich ähnlich wie mit der männlichen Potenz und den Geheimratsecken. Die Kirchturmuhr schlägt zwei Mal, während ich immer noch über der Aufgabenstellung des Monats brüte, die nach einer nachvollziehbaren Zusammenführung zweier theoretischer Konzepte verlangt.

Für zwei Uhr hatte ich mir meine persönliche Deadline gesetzt, die ich, wie so oft, nicht einhalten werde. Das Gefühl plagt mich, die Zeit als meinen größten Rivalen und die Leere in meinem Kopf als meinen schlimmsten Albtraum anerkennen zu müssen. Und so sitze ich am restlos überfüllten Schreibtisch, die Reflexion meines mittlerweile fratzenartigen Gesichts im Fenster musternd, und frage mich, an welchem Punkt meiner Promotion die guten Ideen abhandengekommen sind. Zugegebenermaßen sind Gedanken zur Doktorarbeit und zu den Herausforderungen des Promovierens um Mitternacht immer von einer gewissen Schwermut getränkt, sodass ich trotz innerer Zerrissenheit beschließe, mich nun endlich zur körperlichen und ersehnten gedanklichen Ruhe zu legen. Mit schalem Kaffeegeschmack im Mund lasse ich mich ins Bett fallen, das in den letzten Monaten in seinen Funktionen erweitert wurde. Ich wische die Brösel der letzten Mahlzeit vom

Laken, entferne sämtliche Bücherstapel vom Kopfende, schließe die Augen und warte geduldig auf den Sandmann, der mich in sein Reich ohne Schreibzwang und fehlende Kreativität entführen soll. Endlich die Erlösung! Der Sternenstaub tut das Seine und öffnet mir die Pforten zur (Alb-)Traumwelt. Gegen vier erwache ich schweißgebadet und erhebe mich mumienhaft. Ich blicke aus dem Fenster auf die ruhende Stadt. Ein Schmunzeln entknittert meine Lippen. Da ist sie – die heißersehnte Idee, der Weg aus meinem Gedankenlabyrinth, nach dem ich die vergangenen Wochen gelechzt hatte. Ich taste nach Stift und Papier und notiere meine Gedanken. Woher kam in dieser Phase der völligen Entspannung die Erleuchtung, während stundenlanges Grübeln lediglich Gedankenfetzen hervorwürgte? Begleitet von einem Gefühl der Genugtuung lege ich mich erneut schlafen. Wie ehrfürchtig Innsbruck doch im Morgengrauen leuchtet!

Der Handywecker piepst gegen acht. Das Rauschen des hektischen Morgenverkehrs dringt durch mein Fenster. Schlaftrunken krieche ich aus meinem Allrounder-Bett, schlurfe an den Schreibtisch und lasse mich in den zerbeulten Bürosessel fallen. Morgenhygiene, Frühstück, Tageshoroskop – alles Nebensache. Das Erste, was mir nach dieser schlaflosen Nacht in den Sinn kommt, ist die zündende Idee, die ich gestern à la Wickie-und-die-starken-Männer-Manier geboren hatte. Ich blicke auf das mit hieroglyphenartigen Kritzeleien beschmierte Blatt Papier und versuche, meine nächtliche Botschaft zu entziffern. Ich hatte die ersehnte Argumentationslogik endlich herausgespuckt – im Schlaf wohlgemerkt. Oder doch nicht? Ernüchtert muss ich feststellen, dass sich meine glorifizierten Notizen so grandios nicht mehr darstellen. Der Glanz der Morgendämmerung hat sich verflüchtigt, bescheiden und verwahrlost präsentieren sie sich auf dem nun grellweißen Blatt Papier. Ich fühle mich wie ein fünfjähriges Kind, das, völlig verzückt vom grüngoldenen Leuchten eines Glühwürmchens, nichts anderes wünscht, als dieses einzufangen, um bei Tageslicht desillusioniert feststellen zu müssen, dass es sich bei dem vermeintlichen Zauberwesen um einen wenig ansehnlichen Käfer handelt. Die Enttäuschung steht mir ins Gesicht geschrieben. Und wieder entdecke ich ein unnatürlich großes Haarbüschel auf meinem Kopfkissen.

Im späteren Verlauf des Schreibprozesses ziehe ich jenes Blatt Papier aus dem mittlerweile wolkenkratzerartig angewachsenen Notizenstapel, das ich damals bei Morgengrauen mit Erkenntnis füllte. Ich lächle, die Morgengedanken haben sich ein Fünkchen Genialität zurückerobert. Auch die Erinnerung, wie andächtig Innsbruck frühmorgens ruht, kehrt zurück. Der Haarausfall wird zur Nebensache.

Nächte bzw. Morgenstunden dieser Art waren kein Einzelfall. Im Verlauf meiner vierjährigen Promotionsphase wurden sie zu treuen Und-täglich-grüßt-das-Murmeltier-Gefährten, auch wenn sie sich in je anderer Form und einzigartiger Qualität offenbarten. Mal war es der abendliche Duschgang, mal Diskussionen mit Taxifahrern, das Sprachspiel eines Werbeplakats oder schwungvolle Wolkenformationen, die einen inspirierenden Gedankenweg vorzeichneten. Die wirklichen Momente der Serendipity, des glücklichen Zufalls oder der unerwarteten Entdeckung geschahen in Zeiten der Entspannung, hervorgerufen von alltäglichen Dingen, die mich umgaben. Selten passierte es in Phasen des zähneknirschenden Ringens um die zündende Idee oder des eindringlichen Studierens von Büchern sagenumwobener Koryphäen. Das verstand ich erst spät – zu spät für meinen Geschmack.

Mitzugeben ist all jenen, die sich an das Haarausfallprojekt wagen und nach kreativen Ideen trachten, neben Phasen der Ertüchtigung ab und an einmal die Seele baumeln zu lassen mit der Zuversicht, dass die guten Ideen jede/jeden früher oder später, vor allem aber beim Gedankenschweifen und Tagträumen heimsuchen werden. Ebenso gilt es, vor dem Leuchtkäfer-Phänomen zu warnen, denn die Genialität von Gedanken präsentiert sich bei Tageslicht unverfroren glanzloser als bei Mondschein. All jenen, die bereits mit lichter Haarpracht gesegnet sind, ist (augenzwinkernd) wohl eher vom Dissertieren abzuraten. Denn Sie werden sich die Haare raufen – und dabei vermutlich Haare lassen!

Zur Autorin
Mag.ª Nadja M. Köffler PhD

Studium der Translationswissenschaften, Medienwissenschaften, Anglistik und Romanistik (Lehramt) sowie Bildungswissenschaften jeweils an der Leopold-Franzens-Universität Innsbruck.
Fachbereich der Promotion: Bildungswissenschaften
Titel der Dissertation: *Einbruch – Umbruch – Aufbruch: Krisen und subjektive Entwicklungsaufgaben im Lehramtsstudium*
Zurzeit tätig als Universitätsassistentin (Post-doc) an der School of Education, Institut für LehrerInnenbildung und Schulforschung an der Leopold-Franzens-Universität Innsbruck.

(A)Soziales Promovieren

Durch die Wüste: Rückblick auf ein Jahrzehnt

Hans Heiss

Mein Leben war stets von chronischen Verspätungen begleitet: erste Dauerfreundin mit 24, erster, regelrecht bezahlter Job mit 33, das erste Kind, Anna, mit 35, Einstieg in die Politik mit 50, Heirat mit 60 Jahren, Rentenantritt dank Monti-Reform auf das 67. Lebensjahr verschoben, retardiert auch der Ausstieg aus dem Polit-Business, der – eigentlich für 2008 vorgesehen – bis jetzt nicht gelungen ist. Ob dann auch mein Ableben verspätet eintreten wird, ist weder vorhersehbar noch sonderlich wünschenswert.

Dass denn auch die Mühlen meiner Dissertation gemächlich, ja nachgerade qualvoll langsam mahlten, fügt sich bestens in die eigenen Lebensmuster. Neun Jahre, von Jänner 1977 bis März 1986, dauerten Konzeption, Erstellung und Niederschrift meiner Doktorarbeit bis hin zur Abgabe. Dabei durchmaß ich Höhen und Tiefen wissenschaftlicher Initiation: Entdeckerlust und Höhenrausch, Schreibblockaden und Depressionen bis hin zum entschiedenen Willen, das Ding endlich durchzuziehen.

Rückblickend verdichtet das knappe Jahrzehnt alle Lebens-Träume des jungen Heiss; es wuchs aber auch die Überzeugung, den richtigen Weg und die angemessene Existenzform gefunden zu haben. Nie bin ich mir so nahe gekommen wie in den Jahren des Dissertierens, vor allem dank der Erfahrung des Scheiterns und der Kraft, nach jedem Rückschlag wieder aufzustehen. Dieser Parcours lässt sich in 1.000 Wörtern nicht eingehend schildern, wohl aber als Miniatur skizzieren.

Der Einstieg ins Studium von Geschichte und Germanistik war mühsam. Als Ältester von fünf Geschwistern war ich aus elterlicher Sicht prädestiniert zur Übernahme des „Elephanten" in Brixen, eines historischen Gasthofs, dessen in sechs Generationen bewährte Familientradition die Übernahme des Betriebs ebenso nahelegte, wie dies die eigene Position als männlicher Erstgeborener gebot. Als ich im Herbst 1973 mit 21 Jahren trotzdem das BWL-Studium schmiss, um mich in Geschichte/Germanistik zu inskribieren, verzog sich mein

Vater ins Bett, das er zwei Tage lang in tiefem Kummer nicht verließ. Wolfgang Heiss und sein Sohn kamen einander nach dem Bruch lange nicht nahe. Erst mit wachsendem Alter spürten wir wieder Ähnlichkeit und Zuneigung, als ich den Pflegebedürftigen im Auto durch die Gegend kutschierte und er bei solchen Partien nach meinem Leben fragte, mit einem Feinsinn, den ich zuvor nur selten erlebt hatte.

Das Studium der Geschichte an der Oenipontana bereitete Freude, obwohl das Lehrangebot mehr anödete als inspirierte: Um 1975 fehlte noch die Zeitgeschichte, es gab kaum sozial- und kulturhistorische Fragestellungen. Intensive Lektüre von Hans-Ulrich Wehler und der Bielefelder, von Claus Gatterer und Friedrich Heer trugen Licht ins Dunkel, das sich auch aufhellte in Seminaren bei Josef Riedmann, Robert Büchner und dem galligen Alfred Strnad, in Germanistik bei Walter Methlagl und den Thomas-Mann-Seminaren von Werner M. Bauer.

Nach drei Jahren und zügigem Durchmessen der damals lächerlich wenigen Pflichtveranstaltungen wählte ich im Winter 1976/77 Diss. und Doktorvater. Das Thema war rasch gefunden: „Das Gastgewerbe der Stadt Brixen 1770–1815" – gewiss eine Hommage an die eigene Tradition und Akt der Vergangenheitsbewältigung, aber auch die Chance, ein neues Feld multidisziplinär zu bestellen. Die Identitäts- und Herkunftsfrage war zwar Ausgangspunkt, zugleich begriff ich die Arbeit an der Diss. als Distanzierungsvorteil.

Mein Doktorvater war Georg „Zwano" Zwanowetz (1919–2002), ao. Prof. der Wirtschafts- und Sozialgeschichte, mit ein wenig brauner Vergangenheit behaftet, fachlich von espritarmer Akribie, aber von menschlich einnehmendem Naturell.

Die Arbeit fand zwar das wohlwollende Interesse Zwanos, der aber auf Betreuung und Coaching verzichtete. So entwickelte ich im Alleingang den Zugang zu Quellen und Methoden. Neben dem Hausarchiv am „Elephanten" fand ich mich ein im Diözesanarchiv Brixen, wo mir Archivar Eduard Scheiber Berge von Hofratsprotokollen zutrug. Die Recherche weitete sich aus auf das Staatsarchiv Bozen, dessen zugige Räume durchweht waren vom Aroma des Tomatensugo, den die Offizianten sich selbst aufkochten. Zuletzt führte der Weg in größere Standorte wie das Tiroler Landesarchiv und das Hauptstaatsarchiv München.

Zunächst fraß ich mich durch die Quellen, deren Auswertung sich quälend lange hinzog. Ende 1980 war ich tief deprimiert: Vier Jahre lang hatte ich Berge von Unterlagen exzerpiert, aber noch keine Zeile geschrieben. Dies auch aus dem Grund, weil ich noch in Rezeption und Restaurant des „Elephanten" mitarbeitete, um Eltern und schlechtes Gewissen zu besänftigen. Rückblickend stand ich zudem an der Schwelle zum Suff. Täglich köpfte ich eine Flasche Wein, oft nachts nach Dienstschluss, als heimliche Tröstung, die aber auch die Arbeitsfähigkeit lähmte.

Ende 1980, inzwischen 28 Jahre alt, beschloss ich, die Arbeit im Hotel zu beenden, um mich voll der Diss. zu widmen. Dass mich meine Eltern trotz Ausstiegs weiter finanzierten, war ein großes Privileg. Das Gewissen drückte weniger, als zunächst befürchtet, auch die Niederschrift lief nunmehr zügig. Methodisch hatte ich indessen, inspiriert von Historischer Sozialwissenschaft und microstoria Ginzburg'scher Prägung, einen eigenen Verschnitt von Wirtschafts-, Sozial- und Kulturgeschichte kreiert, versetzt mit viel Richard van Dülmen, Norbert Elias und E. P. Thompson, in einem originellen, ein wenig schrägen Cross-Over. Alles aus Lektüre geschöpft und vielen Gesprächen mit Freundin Beatrix Aigner, die – obwohl als Kindergärtnerin fachfremd – dank steten Interesses Ansporn und Ermutigung bot. Kaum überlebt aber hätte ich ohne Musik: Charles Mingus, Miles Davis, Ry Cooder, Neil Young, Van der Graaf Generator, zuvörderst aber die Großen des Blues, Muddy Waters, Albert King, Michael Bloomfield, Eric Clapton und Otis Rush, lehrten mich, wie sich innere Pein zum Leidschatz vergoldet.

1981 führten Konzentration und neuer Methoden-Mix zur Wende. Eine Gliederung wurde entworfen, das Manuskript gedieh. Allerdings: In Heiss'scher Umständlichkeit wurde Seite um Seite mit Bleistift geschrieben, erst später auf die elektrische Schreibmaschine übertragen. Einen PC akzeptierte ich erst 1988, lange nach Abschluss, der notorische Digi-Defizient in mir zeichnete sich bereits ab.

1982 folgte ein weiterer Aufschub, als ich die Verkehrs- und Handelsströme durch Tirol um 1800 analysierte, in einer Schleife, die zwar Erkenntnisgewinn, aber wieder Zeitverlust brachte.

1983 fand ich schließlich zu einem Berufsfeld, das mich 20 Jahre lang beschäftigen sollte – zur Archivarbeit. Die Arbeit in den Gedächtnisspeichern hatte die Liebe zum Metier geweckt, nun nahm ich einen Auftrag an zur Ordnung des Stadtarchivs Brixen, dem 1984/85 ein Jahrespraktikum am Stadtarchiv München folgte. Die Diss. geriet so zur Berufsfindung, ihr Abschluss aber verzögerte sich weiterhin.

Ende 1985 war's genug, das 500-Seiten-Manuskript wurde eingereicht, auch zur Freude des Doktorvaters, der nach drei Monaten ein schmeichelhaftes Gutachten produzierte. Im Mai 1986 folgte das Summa-cum-Laude-Rigorosum bei Georg Zwanowetz, Johann Rainer und Elmar Waibl. Die Promotionsfeier erlebte ich in ungläubiger

Feststimmung mit dem in jeder Hinsicht gewichtigen Sozialhistoriker Klaus Tenfelde als Promotor in wallendem Talar.

So what, was bleibt als Lektion? Verspätung, Zögern, Mäandrieren erwiesen sich nicht allein als Elemente der Diss., vielmehr als konstante Lebensprägungen; stetes Abschweifen in andere Disziplinen und Lebensmarken blieben weiterhin biografische Prägungen. Neben Beruf und Wissenschaft wurden Kulturprojekte, Politik und Ehrenämter auch künftig zu ebenso bereichernden wie zeitverzögernden Wegbegleitern.

Die Diss. ließ mich wachsen und Defizite erkennen: Das Glück raschen Gelingens bleibt unsereinem verwehrt, die Fülle des Lebens unzugänglich, der Umweg notwendig. So many roads, so many trains to ride – um einen Otis-Rush-Song zu zitieren. Aber dank Elisabeth, Anna, Niklas und Freunden ist die Reise nicht einsam.

Ein Letztes: Die Wüste zwingt zur Langsamkeit und kann tödlich sein: Aber sie lässt schärfer sehen und tiefer empfinden, die wenigen Oasen bieten umso mehr Genuss.

Zum Autor
Dr. Hans Heiss

Studium der Geschichte und Germanistik an der Leopold-Franzens-Universität Innsbruck.
Fachbereich der Promotion: Sozial- und Wirtschaftsgeschichte
Titel der Dissertation: *Das Gastgewerbe der Stadt Brixen 1770–1815*
Zurzeit tätig als Landtagsabgeordneter der Grünen/Verdi/Verc im Südtiroler Landtag und Dozent an der Leopold-Franzens-Universität Innsbruck.

Geburtshelferinnen und Geburtshelfer

Petra Hecht

Mit 45 Jahren dem gerade eben erst sauer verdienten Magisterium noch ein Doktorat draufzusetzen und damit dieselben Bildungsaspirationen mit mindestens einer von zwei erwachsenen Töchtern zu teilen, ist schwer zu erklären. Die Herstellung des Vergleichs aber zwischen dem Verfassen einer Doktorarbeit und einer Geburt mag auf Grund eigener Erfahrung früher Mutterschaft, wenngleich schon eine ganze Weile zurückliegend, nachvollziehbar und unschwer zu erklären sein; Schmerzen prägen sich meist länger ein, als einem lieb ist. Die Herstellung einer Verbindung zwischen diesen beiden Vorgängen bleibt aber trotzdem pietätlos, was ich offen zugebe, weil das menschliche Leben als unser höchstes Gut selbstverständlich nie in Beziehung zu einer Doktorarbeit gesetzt werden kann. Das ist auch der Grund, warum mir diese Gleichsetzung missfällt, und nicht nur deshalb, weil die eigene Tochter bei den Vorbereitungen zur Disputation zur Geburtshelferin avancierte.

Eine Querverbindung drängt sich trotzdem mühelos auf. Einleuchtend sind die Argumente, obwohl die Dauer von Schwangerschaft und Geburt im Vergleich zur Promotionsphase ein ziemlich ungleiches Verhältnis aufweisen. Als Dissertierende brauchst du erst neun Monate, bis dein Exposé halbwegs spruchreif ist und es dir das Gefühl vermitteln kann, als Strohhalm bis zur Vollendung des Projekts zu taugen. Der anschließende Leidensweg bis dorthin übersteigt allerdings das bewährte Reifungsszenario eines Kindes um ein Vielfaches. Indem er diesem nicht ein frohes Ende setzt, sondern mit einem Schrecken ohne Ende erst den Anfang macht, indem du jedes Kapitel, nicht selten nur Seite für Seite einzeln zur Welt bringst, durchlebst du einen nie enden wollenden Gebärprozess, der dich anstelle von vier geplanten Jahren um gefühlte 14 Jahre altern lässt. Hinzu beschleicht dich während dieser präpromotionalen Zeit die morgendliche Übelkeit als meist untrügliches Zeichen einer frohen Botschaft, die dich erst dann verlässt, wenn du während des morgendlichen Zähneputzens die Formulierung jener Sätze erfolgreich im Geist heruntergerattert hast, die dir am Vorabend beim Einschlafen, einen beruhigten Schlaf rettend, in den Sinn gekommen sind.

Sind nach einer langen Arbeitswoche endlich Samstag und Sonntag in Sicht, blinkt in deinem Gehirn ein rotes Licht auf: 48 Stunden Zeit zum Schreiben – nütze sie, was das Zeug hält! Steht der Urlaub vor der Tür, blinkt es wieder: endlich vier Wochen freie Zeit zum Schreiben – packe ein, was du brauchst! Du gibst dich erst zufrieden, wenn der halbe Kofferraum mit PC, Drucker, Flipchartpapierrolle und Büchern vollgestopft ist und auch in der letzten Ritze des hinteren Fahrgastraums ein weiteres Journal und Post-Its Platz gefunden haben. Der Datenstick, dessen Inhalt sich in mühsam konstruierten Tabellen und Analysen scheinbar nie enden wollend ständig umwälzt, wandert in die übervolle Handtasche. Er findet dort nebst jenen Dingen Platz, die beim ersten Packen dem überaus starken Konzentrationsvermögen auf das nötige Schreibzubehör zum Opfer gefallen sind, ergo erst in letzter Minute vor der Abfahrt eingesammelt wurden, um neben einem weiteren Sicherungsstick so sicher wie in Mutters Schoß am Urlaubsort einzutreffen.

Wesentlich ist dabei ein Ehemann an der Seite, in dessen Gehirn die Ampel noch auf Grün steht, der schon im Voraus für die noch knapp verbleibenden Urlaubsstunden, wenn Frau nicht am Schreiben ist, plant, denkt, packt und zu guter Letzt den ganzen Kram mit viel Geschick und wenig Murren im PKW verstaut, wofür sonst ein Kleinbus erforderlich geworden wäre. Dissertante Gedankenschübe kennen aber keinen Urlaub, egal ob du auf dem Bike sitzt oder im Liegestuhl liegst, du tust es nie ohne schlechtes Gewissen. So steigt der Druck Jahr für Jahr, er sitzt im Nacken, drückt auf den Magen und lähmt alle kognitiven Vorgänge, die ohne Schaltzentrale und Verbindung zur Dissertation sind.

In einer Verfassung, die dir anstelle eines Tennisarms zunehmend ein PC-Schulter-Problem beschert, wirst du für deine Familie zum wandelnden Pulverfass, das höchst störanfällig auf kleinste Irritationen reagiert. Doch irgendwie vergeht die Zeit, und alle atmen auf, als der Termin der Abgabe näher rückt: Wenn du den nächsten Sommerurlaub nicht mehr schreibend verbringen willst – das möchtest du auf keinen Fall (!), wenn du deine frisch vermählte Tochter mit Gatten über Weihnachten nach Australien begleiten willst – das möchtest du unbedingt (!) – dann ist der 20. 12. der mit Abstand beste Termin. Um ihn sicher einzuhalten, verzichtest du auf die Masterfeier deiner Tochter in London. Im Gegenzug zapfst du angesichts des familiären Rückhalts sämtliche Quellen zur Entstehung von Selbstwirksamkeitsüberzeugungen an, was dir das Thema deiner Promotion in seiner kollektiven Ausprägung am eigenen Leib zu erfahren ermöglicht – und du bist dir ganz sicher, dass jetzt nichts mehr passieren kann.

Die letzten Korrekturen gehen dank der aufmunternden Kommentare beider Töchter leicht von der Hand. Wehmütig denke ich, dass mir die pädagogischen Unterstützungsbemühungen – von mir als ehemalige Grundschullehrerin in der didaktisch angereicherten Muttermilch einst verabreicht und eingesaugt – auf diesem Wege wohl selbst zuteilwerden. In der Nacht vor der Freigabe zum Druck aber – der Rest der Familie ist auf der Masterfeier – beschleicht mich das ungute Gefühl, dass meine Arbeit noch gar nicht fertig ist und ich keinesfalls jetzt schon tun kann, worauf ich jahrelang hingearbeitet habe, nämlich mein „B…y" abzugeben. Mit einem Kloß im Hals melde ich mich in London, wo angesichts der Befürchtung, alle familiären Planungen seien mit einem Schlag hinfällig, ein kollektiver Sturm der Entrüstung losbricht. Kleinlaut hänge ich auf, überarbeite weiter, aktualisiere akribisch nach jeder Änderung Inhaltsverzeichnis und Verweise im Text und starte endlich den Druckvorgang. Nachdem in dieser Nacht sämtliche Exemplare ohne eine einzige Fehlermeldung gedruckt waren und ich noch die Präsentation an der Hochschule für den folgenden Nachmittag überarbeitet hatte, falle ich schlussendlich zwischen zwei und drei Uhr früh ins Bett, nichts ahnend, was da kommen sollte.

Am Morgen gegen 6:30 Uhr klingelt mein Schwager und fährt für mich sämtliches Papier zur Buchbinderei. Ich weiß immer noch von nichts. In der Hochschule will ich dann kurz ein Detail in Erinnerung rufen, da erstarre ich! In Fettdruck sticht mir ins Auge: „**Siehe Kapitel Fehler! Verweisquelle konnte nicht gefunden werden. Seite Fehler! Textmarke nicht definiert.**" Mein schon dünnes Nervenkostüm scheint endgültig zu reißen. In Panik greife ich zum Telefon, eine freundliche, wirklich sehr freundliche junge Dame gibt mir die Auskunft, dass sie die Arbeit schon eingespannt und den Falz bereits beklebt habe. Einzelne Seiten herauslösen? Ja, das könne sie machen! Ich hätte ihr in diesem Augenblick ein Vermögen für diesen Dienst bezahlt, korrigiere die beiden Stellen, setze anstelle der Fehlermeldung, um keinen Seitenumbruch zu produzieren, eine Leerzeile und schicke die Korrektursieten per Mail an diese wunderbare Frau.

Am Ende dieses Tages hatte ich das Gefühl, nie im Leben leichter gewesen zu sein. Im Übrigen haben mich Zeichen von Übelkeit während meiner Schwangerschaften nie geplagt, womit sich zeigt, dass der eingangs angestellte Vergleich tatsächlich hinkt. Wenn vielleicht der Eindruck entstanden ist, die ganze Sache habe sich nicht gelohnt, ich konnte nicht nur die Mechanismen kollektiver Selbstwirksamkeit in ihrer theoretischen Anlage von Grund auf verinnerlichen, sondern zolle meinen Studierenden Verständnis, Respekt und strukturellen Rückhalt auch beim Verfassen ihrer Qualifikationsarbeiten. Hoffen wir für sie, dass meine Erinnerungen noch einige Zeit anhalten.

Zur Autorin
Mag.ª Dr.ⁱⁿ Petra Hecht

Studium der Sozialen Verhaltenswissenschaften und der Neueren Deutschen Literaturwissenschaft an der Fernuniversität Hagen.
Fachbereich der Promotion: Psychologie
Titel der Dissertation: *Kompetenzentwicklung und kollektive Selbstwirksamkeitsüberzeugungen – Ein Vergleich zwischen berufseinsteigenden und erfahrenen Lehrpersonen*
Zurzeit tätig als Senior Researcher, Forschungsbereich Professionalisierung von Lehrpersonen am Zentrum für Forschung an der Pädagogischen Hochschule Vorarlberg.

Die (letzte?) Erschütterung

Anna Manfrin

Die Hitze und die Lust auf Ferien helfen mir in diesen Tagen nicht unbedingt dabei, die notwendige Konzentration zum Weiterarbeiten an meiner Dissertation aufzubringen. Ganz im Gegenteil, immer wieder wandern meine Gedanken zurück zu jenem Tag, an dem ich mit den letzten Vorbereitungen für meine Diplomarbeit beschäftigt war. Bang frage ich mich, ob auch vor Abgabe meiner Dissertation wieder etwas geschehen wird, das mich so erschüttern lässt …

Es fehlten nur mehr drei Tage bis zur Diskussion meiner Diplomarbeit. Endlich! Wie lange hatte ich mich auf diesen Tag vorbereitet? Wie oft hatte ich mir vorgestellt, in der Aula Magna zu sitzen und vor der Prüfungskommission meine Arbeit souverän zu verteidigen? An diesem Sonntagmorgen Mitte Juni war ich früh aufgestanden, um ein letztes Mal wichtige Thesen meiner Diplomarbeit zu wiederholen. Die Sommerschwüle war noch erträglich, und bei offenen Fenstern vertiefte ich mich, der Gemütlichkeit halber noch im Schlafanzug, in mein Studium. Von der mich umgebenden Ruhe schloss ich darauf, dass sich die Stadt bereits geleert hatte und ihre Bewohnerinnen und Bewohner auf der Suche nach Erfrischung andernorts verweilten. Ich war wohl eine der wenigen, die sich momentan ein solches Vergnügen nicht leisten konnten. Doch ich rief mich innerlich zur Geduld auf, immerhin fehlten nur noch drei Tage bis zur Diskussion der Diplomarbeit.

Schlagartig ließ mich ein gewaltiges Getöse von meinem konzentrierten Studium aufschrecken. Es hörte sich fast so an, als ob ein LKW ganz dicht an unserem Mehrfamilienhaus vorbeisausen würde. Die darauf folgende Erschütterung ließ meinen ganzen Körper erzittern. Als dann auch noch Bücher und andere Gegenstände von Tisch, Wänden und Regalen flogen, drang die erschreckende Erkenntnis endlich in mein Bewusstsein. Das, was sich hier abspielte und mich erschüttern ließ, war ein Erdbeben!

Bevor mich mein Überlebensinstinkt ganz schnell die Treppe hinunterjagen ließ, besaß ich die Geistesgegenwart, das für mich in diesem Moment Kostbarste zu ergreifen: meine Diplomarbeit! Wie hätte ich sie auch zurücklassen können? Diese Seiten erhielten nicht nur wichtige wissenschaftliche Erkenntnisse, sondern waren vor allem das Ergebnis stundenlangen schweißtreibenden Studiums. Beim wiederholten Durchlesen während der letzten Monate waren mir immer wieder die Umstände in den Sinn gekommen, unter denen meine Arbeit entstanden war, aber auch viele freudige Momente waren aufgeblitzt, die meine Erkenntnisse begleitet hatten. Mit einem gleichgültigen Lächeln erlebte ich erneut die vielen durchzechten Nächte sowie die Wutanfälle nach Tippfehlern. Es waren diese teils widersprüchlichen Gefühle, die ich beim Durchblättern meiner Arbeit in den letzten Wochen empfunden hatte und die nun in Sekundenschnelle wieder präsent wurden. Wie also konnte ich in diesem Moment meine Diplomarbeit einfach liegen lassen? Inzwischen stellte sie einen wichtigen Teil meines Lebens dar.

In Windeseile im Treppenhaus angekommen, legte sich meine Spannung jedoch sofort aufgrund der Komik der Situation, die sich mir bot: Genauso wie ich hatten die anderen Bewohnerinnen und Bewohner des Hauses keinen Gedanken an ihr Äußeres verschwendet, sondern waren nur darauf bedacht gewesen, sich in Sicherheit zu bringen. Somit hatten einige ihre Wohnungen im Schlafanzug verlassen oder sogar … in der Unterhose! Sekundenlang starrten wir uns verblüfft an, mit der wortlosen Frage in den Augen, was denn nun zu tun sei. Den Aufzug zu benutzen oder auch die Treppen, um die 8. Etage zu verlassen, schien ausgeschlossen. Die darauf folgenden Momente der Stille und Besonnenheit ließen alle wieder geschwind in die eigenen Wohnungen zurückkehren. Die Gefahr schien gebannt und nach kurzer Zeit versammelten sich alle wieder makellos gekleidet im gemeinsamen Flur. Erst dann versuchten wir uns gegenseitig zu überzeugen, dass das Erdbeben vorüber war, keine Schäden ersichtlich waren und wir ohne Befürchtungen mit dem normalen Tagesgeschehen weitermachen konnten. Mit einigen meiner Nachbarinnen und Nachbarn kam ich bei diesem Ereignis das erste Mal in Kontakt. Seit jenem Tag haben sich meine Beziehungen zu den anderen Bewohnerinnen und Bewohnern des Hauses deutlich verbessert. Dieses „enthüllende" Ereignis machte uns ganz plötzlich zu Komplizen eines gemeinsamen Wissens und schnürte uns enger zusammen. Es scheint also doch wahr zu sein, dass man sich gerade in Zeiten der Not verbündet.

Auch ich bin anschließend wieder in meine Wohnung zurückgekehrt, um mich erneut in mein Studium zu vertiefen. Merkwürdigerweise hatte ich weder die Befürchtung noch war ich beunruhigt, dass ein zweites Beben folgen könnte. Dieser Vorfall hatte mich vielmehr zur Erkenntnis gebracht, dass mich nichts davon abhalten konnte, mein gewünschtes Ziel zu erreichen. Meine Diplomarbeit und ich waren unter allen Umständen für Montag gerüstet. Falls nötig, sogar im Schlafanzug!

Zur Autorin
Mag.[a] Anna Manfrin

Studium der Kunstgeschichte an der Universitá degli Studi di Parma.
Fachbereich der Promotion: Literatur- und Kulturwissenschaften
Titel der Dissertation: *Luigi Pirandello e la crisi dell'identità nazionale*
Zurzeit tätig als Lehrerin für Literaturgeschichte und Geografie an einer italienischen Mittelschule.

Hochrechnungen.
Zum erwarteten Gewicht der Promotionsurkunde

Katja Böhme

Studienende – ich stehe im Prüfungsamt. Mit dem Gang ins Prüfungsamt finden fünf Jahre Lehramts- und Magisterstudium ein Ende. Umgeben von Listen mit zahllosen anonymisierten Prüfungsergebnissen und einem nüchternen, auf die Geschäftigkeit des Alltags eingestellten Interieurs schiebt mir eine Verwaltungsmitarbeiterin meine Zeugnisse über den Tresen mit der Bitte, die Übergabe zu quittieren. Ich nehme die Zeugnisse in die Hand und bin irritiert. Ich befühle mein Staatsexamenszeugnis. Es ist ein dünnes Blättchen, 80 g Papier – mehr ist das nicht. Das Magisterzeugnis wiegt schwerer, gestrichenes Papier, leicht gelblich, sogar mit Prägung. Mein Blick tastet die Zeugnisse ab. Ich bleibe am Titel meiner Magisterarbeit hängen. Es ist nur der Haupttitel genannt, der Untertitel fehlt. Ich frage nach, was es damit auf sich habe. Dies sei völlig korrekt, kein Versehen. Mein Untertitel sei zu lang und passe eben nicht ins Format. Ich verlasse das Prüfungsamt, habe mir das alles aber doch etwas anders vorgestellt. Meine Zeugnisse und ich sitzen uns anschließend in einem Café gegenüber – ich zerknirscht, das eine Zeugnis zu dünn, das andere zu klein für meinen Titel.

Szenenwechsel: Ende des Referendariats.

Ich befinde mich in einer Veranstaltungshalle in Detmold. Letzter Tag meines Referendariats. Zwei Jahre liegen hinter uns allen, die wir an den Tischen sitzen und mehr oder wenig festlich gekleidet sind. Erfahrungen aus unzähligen Unterrichtsbesuchen, Skurriles aus Konferenzzimmern, Geschichten von guten und weniger guten Betreuungsverhältnissen können hier und da aufgeschnappt werden. In alphabetischer Reihenfolge werden wir aufgerufen und gehen nach vorn. Ich muss nicht lange darauf warten – „B" wie Böhme ist ziemlich weit am Anfang. Es gibt eine Rose, ein Zeugnis und ein Buch mit Tipps zu gutem Unterricht. Die Rose riecht gut, das Buch befremdet, die Papierqualität des Zeugnisses ist erfreulicherweise besser als erwartet. Die Mühen im Referendariat schlagen mit mindestens 40 g stärkerem Papier ins Gewicht.

Zweiter Szenenwechsel: Promotion.

Noch nicht am Ende. Jetzt gerade, in diesem Moment sitze ich in einem kleinen Gästehaus in der Nähe der Loreley am Rhein. Seit drei Jahren verbringe ich gemeinsam mit anderen Nachwuchswissenschaftlerinnen und -wissenschaftlern je eine Woche an einem möglichst entlegenen Ort. Wir arbeiten dort zurückgezogen und diskutieren beim gemeinschaftlichen Abendessen über die jeweiligen Forschungsprojekte und die alltäglichen Herausforderungen des Promovierens. Zwar steht bei den meisten das Ende nicht unmittelbar bevor, es wird aber dennoch in unterschiedlichsten Formen immer wieder präsent. Sei es als bevorstehendes Vertragsende an der eigenen Hochschule und die Frage nach der Verlängerung, als Wissenschaftszeit gesetzt, oder als ein mitgefeierter Abschluss von mehrjährigen Wegbegleiterinnen und Wegbegleitern. Das Schreiben über das Ende der Promotion macht aufmerksam für die Gegenwart. Welches Ende passt zu diesem Prozess, der so lange dauert? Der dabei nicht linear abläuft, sondern immer wieder zu thematischen Hakenschlägen neigt. Ein Prozess, in dem man sich erstaunlicherweise immer wieder selbst der eigenen Fragestellung vergewissern muss, in dem einem sogar das selbst Geschriebene immer wieder fremd werden kann. Ein Prozess, der sich mit jedem Gespräch, mit jedem Vortrag, mit jedem gelesenen Wort verschiebt. Immer wieder bricht das Unerwartete ein oder wird bewusst gesucht, sodass sich Momente der Störung und der Anregung manchmal kaum voneinander unterscheiden lassen. Ein Prozess, in dem die eigene Arbeitsweise und die vermeintlichen Erkenntnisse notwendigerweise immer wieder in Frage gestellt werden. Ein Prozess, in dem die eigenen Grenzen des Sprachlichen spürbar werden und in dem auch in dem Nicht-Sagbaren Bedeutungen aufscheinen. Promovieren hängt mit Verstehen, aber genauso auch mit Vergessen zusammen, sodass zu einem (viel) späteren Zeitpunkt ein zuvor Gefundenes unter einem anderen Blick wieder neu zu entdecken sein kann.

Wie wird das Ende eines solchen Prozesses aussehen? Wir sitzen beim Abendessen und diskutieren darüber. Für mich ist klar, solange es ein Zeugnis mit passabler Grammatur gibt, solange dann auch noch das Format der Urkunde zum Untertitel meiner Arbeit passt und solange ich kein Buch mit Tipps zum wissenschaftlichen Arbeiten bekomme – solange ist alles gut.

Zur Autorin
KATJA BÖHME M. A.

Studium der Kunst/Kunstpädagogik und Germanistik an der Universität Osnabrück und an der Université Sorbonne Nouvelle Paris III.
Fachbereich der Promotion: Kunstdidaktik
Angedachter Titel der Dissertation: *Reflexion und Spurenlese – Fotografische Bilder als Anlass zu einer professionsspezifischen Reflexionspraxis in der Lehrer_innenbildung im Fach Kunst*
Zurzeit tätig als wissenschaftliche Mitarbeiterin an der Kunstakademie Münster und der Universität der Künste Berlin.

Zusammen ist man weniger allein

Claudia Lintner

Da sah ich es schwarz auf weiß: Mein Name stand auf der Liste all jener, die in das Doktoratsprogramm aufgenommen wurden. Ich hatte also drei Jahre vor mir, in denen ich mich ohne größere Einschränkungen und Begrenzungen ganz meinem Forschungsprojekt widmen konnte. Voller Tatendrang begann ich diese Reise ins Ungewisse. Zwei Dinge wurden uns Greenhorns zu Beginn des Forschungsdoktorats nahegelegt. Erstens: Wir wurden aufgefordert, uns immer vor Augen zu halten, in welch privilegierter Situation wir uns doch befänden. Jedoch – das Forschungsdoktorat als höchster akademischer Grad sei Privileg und Aufgabe zugleich. Zweitens: Das Wichtigste, um in der akademischen Welt standhaft zu bleiben, sei das soziale Netzwerk. Wie die Aussage des Rektors „Forschung ist auch ein einsamer Job" am Eröffnungstag im fernen Jahr 2013 zu verstehen war, haben viele von uns erst nach einiger Zeit erfahren.

Mein Arbeitsalltag gestaltete sich nun wie folgt: Vorlesung, Bibliothek, Recherchen im Internet, Lesen und Schreiben. Je mehr ich mich mit meinem Forschungsprojekt auseinandersetzte, desto mehr wurde das Dissertationsprojekt zu einem Teil meines Lebens, das ich mit nach Hause nahm. Während all die anderen ihren wohlverdienten Feierabend genossen, saß ich noch über meinen Texten und grübelte über Begrifflichkeiten und Theorien. Kurz, in meinem Kopf war die Arbeit immer präsent, auch nachts. Ja, diese Trennung zwischen Privatem und Arbeit, die fehlt, wenn man eine Dissertation schreibt. Das Forschungsprojekt ist wie ein „Baby", das du pflegst, an das du denkst, den ganzen Tag und die ganze Nacht.

Zu Beginn dieses Abenteuers bewundert dich jeder, sagt dir, wie toll das ist, was du da machst. Spätestens nach einem Jahr aber ist dein Umfeld genervt von dir und deinem „Baby". Klar, du hast einfach weniger Zeit für die wirklich wichtigen Dinge im Leben.

Also gibt es nur eines: Du brauchst eine Verbündete bzw. einen Verbündeten. Jemanden, der sich jeden Tag aufs Neue mit deinen neuen Erkenntnissen auseinandersetzt, sich daran erfreut und mit dir immer wieder theoretische, philosophische und erkenntnistheoretische Fragen diskutiert. Jemanden, der mit dir täglich mindestens vier Tassen Kaffee trinkt, der dir auch mal eine Schokolade auf den Schreibtisch legt, oder jemanden, bei dem du dich ganz einfach abreagieren kannst. Jemanden, der dich, wenn es mal ganz schlimm wird, aus dem Bürostuhl wegzerrt und in die nächste Weinbar entführt. Aus einem Glas werden dann meist zwei Gläser Wein, und fernab von Büchern, Computern und Theorien drängen sich neue philosophische Fragen auf: Auf welchem Wirklichkeitsverständnis bauen wir unsere Arbeit auf, und wie beeinflusst dies unser Vorgehen in der Forschung? Ja, solche Verbündete brauchst du immer im Leben, aber gerade in dieser Zeit der Dissertation sind solche Verbündete wichtig, denn sie tragen dich durch die Höhen und Tiefen dieser Professionalisierungsbestrebungen. Sie helfen dir nämlich, dass die drei Jahre der Dissertation nicht zum Frust für dich und dein ganzes Umfeld werden, sondern zu Momenten der Lust und der Freiheit, über Dinge zu philosophieren, wie sie im späteren Leben des homo academicus wohl nie mehr zu finden sind. Da heißt es nämlich, das Erlernte weiterzuentwickeln, Erfahrungen, Kontakte und professionelle Fähigkeiten auszubauen, den Schritt hinaus aus dem geschützten universitären Raum zu wagen und als professionelle, selbstbewusste Forscherinnen und Forscher den begonnenen Weg weiterzugehen. Das ist sicherlich mit viel Arbeit, viel Engagement, mit vielen Höhen und Tiefen verbunden, aber immer auch von der Gewissheit getragen, Menschen neben sich zu wissen, die einen dabei begleiten werden.

Zur Autorin
CLAUDIA LINTNER M. A. PHD

Studium der Sozialen Arbeit an der Freien Universität Bozen und Master-Studium in Intercultural and Social Science an der Universitá Ca' Foscari Venezia.
Fachbereich der Promotion: Soziologie kultureller und kommunikativer Prozesse
Titel der Dissertation: *Economies In Between: Migrationsökonomien als Orte gesamtgesellschaftlicher Transformationsprozesse*
Zurzeit tätig als Dozentin und Forschungsassistentin an der Freien Universität Bozen.

Betreuungserfahrungen

Dissertationen betreuen
Eine Tragikomödie in vier Akten

Manfred Kienpointner

Nach ca. zwei Dutzend als Erst- oder Zweitgutachter betreuten Dissertationen blicke ich heiter zurück: Wie eine Tragikomödie ein Happy End hat, so ist der letztendlich erfolgreiche Abschluss von Doktorarbeiten immer ein guter Grund zu feiern und sich über das von Betreuten und Betreuenden gemeinsam Erreichte zu freuen.

Auf dem Weg zum Happy End tauchen allerdings Hürden von durchaus tragischer Schwere auf, die in gemeinsamer Anstrengung, sozusagen Akt für Akt der Tragikomödie, überwunden werden wollen. Die folgenden Zeilen bilden hier einen nicht-repräsentativen Rück- und Überblick.

Prolog: Eine Idee ...
Ein begeistertes Gespräch, geführt gleich nach der glänzend absolvierten Diplomarbeit, in der viele faszinierende Themen nur partiell behandelt werden konnten, und Studierende mit dem Optimismus der Jugend, die auch im bereits etwas abgebrühten Betreuenden noch einmal das Feuer des Enthusiasmus für eine Dissertation zu einem dieser Themen entfachen können.

1. Akt: Der Anfang ...
Ein Berg ungeschriebener Seiten lähmt. So sehr, dass es leider viele ungeschriebene Dissertationen gibt, die besonders im Fall eines – angesichts der rasanten Fortschritte im Anfangsstadium der Dissertation – mit ehrlicher Begeisterung verfassten Empfehlungsschreibens für Doktoratsstipendien den Betreuenden die sanfte Röte des Schuldbewusstseins für bereits vergebene finanzielle Förderungen ins Gesicht treiben können.

Ungleich fordernder sind aber nach (manchmal jahre-)langen Phasen des absoluten Schweigens wie aus dem Nichts auftauchende Dissertationsteile, die gelesen und im Zeitdruckfall, der leider der Normalfall ist, auch raschestens kommentiert werden sollen, was mir als Betreuer regelmäßig Schweißperlen auf der leider bereits kahlen Stirn verursacht.

2. Akt: Die Erstversionen …
Diese Erstversionen werden im Allgemeinen nur von den betreuenden Professorinnen und Professoren gelesen. Dabei kann es allerdings schon mal vorkommen, dass ein übereifriger Student eine solche unkorrigierte Erstversion einem führenden Fachvertreter im Ausland, der als externer Gutachter für die fertige (!) Dissertation fungieren sollte, spontan zuschickt. Hastige internationale Korrespondenzen, diplomatische Verwicklungen, verzweifelte Appelle an den betreffenden Studenten, das ja *nie* wieder zu machen, und einige starke Tabletten gegen Kopfschmerzen des Betreuenden waren die Folge.

3. Akt: Die Abgabe …
Die Arbeit am Manuskript ist weit vorangeschritten, die Gespräche zum Fortgang der Arbeit waren überaus erfreulich, ebenso die intellektuelle Schärfe und der respekteinflößende Fleiß der Dissertierenden. Als Betreuer freut man sich in so einem Fall fast schon auf die Lektüre mit anschließender Beurteilung. Aber ach: Zuletzt kommt ein Werk von 974 (!) Seiten. Ich gestehe offen: Diese (aber nur diese) Dissertation habe ich nicht zur Gänze gelesen, bevor ich sie beurteilte.

4. Akt: Die Promotion …
Alle Mühen sind überstanden, eine schöne und intellektuell brillante Arbeit ist entstanden und zu Recht sehr positiv beurteilt worden. Es bleibt die Freude auf die Feier, die in einem Fall durch die Anwesenheit Praesidentis rei publicae verschönert wurde. Ich bin in diesem Fall nicht Betreuer, aber durch langjährige Freundschaft mit der Promovendin sub auspiciis als Promotor hinzugebeten worden. Der Anarchist in mir sehnt sich nach einer kleinen Deviation von den althergebrachten lateinischen Formeln, und mit Einverständnis der Administration baue ich einen kleinen lateinischen Exkurs extra protocollum ein, in dem ich meinen Respekt angesichts des höchst bemerkenswertesten Umstands bekunde, dass die soeben sub auspiciis promovierte Frau Doktorin drei höchst wohlgeratene Kinder großgezogen hatte. So schön können akademische Feiern sein.

Epilog: Eine neue Idee ...
Eigentlich, sagt man sich müde, aber glücklich, sollte man sich nach all den Jahren zurücklehnen und keine neuen Dissertationen als Betreuer übernehmen. Aber da ist diese brillante Studentin/dieser brillante Student, die/der sich für ein Thema interessiert, das auch ich höchst spannend finde.

Zum Autor
Univ.-Prof. Mag. Dr. MANFRED KIENPOINTNER

Studium Latein und Altgriechisch (Lehramt) an der Leopold-Franzens-Universität Innsbruck.
Fachbereich der Promotion: Allgemeine Sprachwissenschaft
Titel der Dissertation: *Argumentationsanalyse*
Zurzeit tätig als Universitätsprofessor für Allgemeine und Angewandte Sprachwissenschaft an der Leopold-Franzens-Universität Innsbruck.

Gärtnerqualitäten

**Giulia Enders
im Interview mit Livia A. J. Rößler**

Frau Enders, in welchem Bereich schreiben Sie Ihre Doktorarbeit?
Es geht allgemein um Grundlagenforschung an Bakterien – im Bereich Mikrobiologie und Krankenhaushygiene. Genauer um die Fragestellung, wie heftet sich ein bestimmtes Bakterium, nämlich Acinetobacter, bei uns Menschen an, also an unsere menschlichen Zellen. Welches Molekül benutzt es dafür? Wie viel macht dieses Molekül aus? Und: Kann man es einfach blockieren? Wenn sich Bakterien gar nicht erst an uns festheften können, dann flutschen sie einfach durch – wirkungslos. So hat man eine Möglichkeit, andere Abwehrmechanismen als zum Beispiel Antibiotika gegen sie zu finden, gegen welche ja bereits einige Bakterien resistent sind.

Warum haben Sie sich für die Promotion entschieden? Bei Medizinern ist dies ja nicht zwingend notwendig?
Ja, das stimmt. Es gab für mich eine Phase in meinem Studium, in der ich so ein bisschen das Gefühl hatte – meistens wird von mir gefordert, dass ich etwas auswendig lerne und das Wissen dann wieder reproduziere. Ich habe das selbstständige Arbeiten vermisst sowie das Knobeln und für ein Projekt etwas mehr Verantwortung zu haben. Das habe ich dann in der Doktorarbeit gesucht. Ich fand es spannend, in die Mikrobiologie zu gehen, weil ich glaube, dass die spannenden Innovationen in den kommenden Jahren kaum noch auf den ursprünglichen Gebieten zu finden sind. Wenn ich jetzt nur in der Gastroenterologie forschte, dann wäre es dort sicher schwieriger, eine ganz neue Entdeckung zu machen. Meiner Meinung nach entstehen die Forschungsgebiete der Zukunft an den Zwischenstellen verschiedener Disziplinen. Das sieht man ja auch an meinem Buch „Darm mit Charme", das eine kleine Verbindung zwischen Design und Wissenschaft innehat. Meine Schwester hat das Wissenschaftliche durch die Zeichnungen fast kinderbuchartig werden lassen – Komplexes fühlt sich dadurch einfacher an. Die Mikrobiologie ist ein toller Überlap-

pungsbereich zwischen Biologie und Gastroenterologie. Deshalb wollte ich genau hierhin.

Gab es jemanden, der Sie an dieses Themengebiet herangeführt hat, oder ging die Initiative von Ihnen aus?
Wir haben im Studium Mikrobiologie als Fach – das geht ein Semester, und ich wusste bereits im Vorfeld, dass ich darauf besonders neugierig war. Während dieses Kurses habe ich dann auch meinen Doktorvater kennengelernt und bin so zu meiner Doktorarbeit gekommen.
Das war eigentlich eine ganz schöne Geschichte. Ich habe im Studentenwohnheim bestimmte Pilze in der Dusche vermutet und bin dann einfach einmal nach dem Seminar zu meinem Dozenten hingegangen, um ihn zu fragen, ob ich das mal genauer untersuchen könnte – bzw. wie ich denn nachweisen könnte, dass es nur normale Hausschimmelpilze sind. Daraufhin hat er mir verschiedene Nährböden gegeben, mit denen ich dann schön Proben abgenommen und ihm diese beschriftet zurückgebracht habe. Bei der Gelegenheit saß ich längere Zeit in seinem Büro und wartete auf ihn. Dabei sind mir Spritzen auf dem Fensterbrett aufgefallen. Er benutzte diese, wie er mir später erklärte, um die Topfpflanzen auf dem Fensterbrett so exakt zu gießen, dass sie genau bekämen, wie viel sie bräuchten. Er errechnete zum Beispiel, dass diese eine Pflanze genau 80 ml Wasser benötige – nicht mehr, aber eben auch nicht weniger. Für mich war das so ein Sinnbild, nach dem ich in dieser Phase ein bisschen gesucht hatte – ein Doktorvater, der gerade so viel gibt, wie auch wirklich gebraucht wird –, und ich hatte dann ein bisschen die Hoffnung, mich in diese Topfpflanzen einreihen zu können.

Zwischen Ihnen und Ihrem Doktorvater herrscht allem Anschein nach eine große Harmonie?
Aus meiner Sicht gehört es dazu, dass man auf die Beine fällt und merkt, dass man das doch irgendwie allein schaffen muss. Ich denke, das ist Teil des Reifeprozesses. Man kann am Ende dann immerhin auch stolz auf sich sein, vieles selbst geschafft zu haben – ich kenne, glaube ich, niemanden, der sich die ganze Zeit gepäppelt gefühlt hat – also es gehört auch ein Stück weit Mut dazu, das Dissertationsvorhaben durchzuziehen.

Was raten Sie zukünftigen Doktorandinnen und Doktoranden?
Der Standardhinweis – dieser Satz, den man am Anfang immer hört – schreib, *während* du die Experimente machst – da wäre ich ganz vorn

mit dabei – und sonst ist es einfach, glaube ich, enorm wichtig, sich jeden Tag zu fragen, warum? Gerade wissenschaftliche Experimente können so eine Eigendynamik entwickeln, gerade in der Medizin, dass es dann am Ende nur noch um das Experiment geht und der größere Sinn dahinter vergessen wird, nämlich die Frage nach dem Warum. Die sortiert ganz schnell und klar aus, was unwichtig ist.

Vielen Dank für das Gespräch!
Geführt am 08. 05. 2016 von Livia A. J. Rößler.

Zur Interviewten
GIULIA ENDERS

Studium der Humanmedizin an der Goethe-Universität Frankfurt am Main.
Fachbereich der Promotion: Medizinische Mikrobiologie
Titel der Dissertation: *Die Rolle des Outer Membrane Protein Ata für die Pathogenität von Acinetobacter baumannii und Wirksamkeit eines monoklonalen Antikörpers in vitro und in vivo*
Sie ist Autorin des Buchs „Darm mit Charme. Alles über ein unterschätztes Organ", das 2014 erschienen ist. Zurzeit forscht sie am Institut für Mikrobiologie und Krankenhaushygiene in Frankfurt am Main.

Dr. med. – geschenkt?

Konrad Kastl

Um das Promotionsverfahren im Allgemeinen und die Doktorwürden der Mediziner im Speziellen ranken sich zahlreiche Mythen. Der hartnäckigste Vertreter dieser Mythen lässt sich auf den folgenden Ausspruch reduzieren: *Ihr Ärzte bekommt den Titel ja eh geschenkt.* Äh, wie bitte? Das erste Mal mit dieser Ansicht konfrontiert, hatte ich einen Anlauf zur Promotion nach zwei Jahren gerade erfolglos beendet.

Der Weg zum passenden Promotionsthema orientierte sich zunächst an dem Fachgebiet, dem mein damaliger Interessenschwerpunkt galt, ich wollte Kardiologe werden. Das Thema selbst sollte spannend, die Betreuung engmaschig und die Doktormutter bzw. der Doktorvater renommiert sein. Nach intensiver Suche und vielen Vorstellungsgesprächen fiel die Entscheidung auf eine Arbeit in der Kardiologie an einem großen Klinikum einer süddeutschen „Eliteuniversität". Der erste Schritt auf dem Weg zu den zwei Buchstaben war, mir die Betreuung durch studentische Hilfsarbeit zu verdienen. Ich sollte ein Jahr lang vorgeblich zur Einarbeitung in das Thema an zwei Arbeitstagen je Woche in der Ambulanz mithelfen. Mit großem Enthusiasmus und noch größerer Naivität stürzte ich mich in die Aufgaben; erfasste Daten, half Patientinnen und Patienten, erarbeitete Vortragsfolien – nur, wie sich herausstellte, nicht für meine Arbeit oder meine Themen. Nach kurzer Zeit war ich erfolgreiche studentische Hilfskraft, leider ohne Gehalt, und nach einem Jahr leider auch ohne mit meiner eigentlichen wissenschaftlichen Arbeit einen Millimeter weitergekommen zu sein.

Dann durfte ich endlich richtig loslegen, wobei die Unterstützung und Anleitung eher dürftig ausfielen. Offensichtlich hatte ich mir diese doch nicht ausreichend verdient. Ich wühlte mich durch zahllose Akten, erfasste und strukturierte Daten und wusste dennoch nicht, was ich da eigentlich tat. Sechs Monate später wurde mir das Renommee meiner Doktormutter zum Verhängnis: Sie wurde als Chefärztin an eine andere Klinik berufen, weitere sechs Monate später folgte ihr meine Betreuerin nach, die als Bindeglied zwischen meiner Doktormutter und mir gedient hatte. Die Hoffnungslosigkeit stieg direkt proportional zur Datenflut; ohne Unterstützung und Ansprechpartner vor Ort warf ich schließlich frustriert hin. Just in diesem Moment ereilte mich der Kommentar des eingangs erwähnten mitteilungsbedürftigen Zeitgenossen, der mir ungefragt erklärte, der Dr. med. sei „ja eh geschenkt". Den weiteren Verlauf dieses Gesprächs möchte ich hier nicht detaillierter wiedergeben.

Diese zwei Jahre brachten mich wissenschaftlich nicht vom Fleck, der Erfahrungsgewinn war jedoch wertvoll. So konnte ich meinen zweiten Anlauf dank eines zielgerichteten Vorgehens sowie einer ausgezeichneten Betreuung durch einen motivierten und motivierenden Doktorvater nach weiteren zwei Jahren erfolgreich zum Abschluss bringen – erneut eine Erfahrung, die ich keinesfalls missen möchte.

Am Ende des Promotionsverfahrens stand das berüchtigte Rigorosum. Zu diesem Zeitpunkt hatte ich als prüfungserfahrener Mediziner zahllose schriftliche, praktische und mündliche Prüfungen hinter mich gebracht und sah dieser letzten Hürde mit einer gewissen gespannten Freude entgegen. Ich war mir sicher, auf diesem Feld kenne ich mich nun wirklich gut aus. Ich fühlte mich gewappnet, meine wissenschaftliche Arbeit zu verteidigen. Im Vorfeld war die Anforderung an uns herangetragen worden, die wesentlichen Punkte der Arbeit in zehn Minuten in freier Rede ohne weitere Hilfsmittel vorzustellen. Die Prüflinge saßen, wir waren zu acht, um einen großen Tisch. Der Vorsitzende eröffnete die Veranstaltung 20 Minuten verspätet mit dem Hinweis, man möge den Vortrag doch bitte auf die wesentlichen Punkte reduzieren. Er schlug dafür drei bis fünf Minuten vor. Während die ersten Prüflinge tatsächlich zumindest noch ihre drei Minuten zur Verfügung hatten und auch ein oder zwei Rückfragen beantworten durften, wurde die Redezeit von Prüfling zu Prüfling gekürzt, Rückfragen erfolgten nun nicht mehr. Ich war der sechste oder siebte der Runde. Dr. med. – also doch geschenkt …

Zum Autor
Dr. med. Konrad Kastl

Studium der Humanmedizin an der Ludwig-Maximilians-Universität München, Weiterbildung zum Facharzt für Hals-Nasen-Ohrenheilkunde in Ulm.
Fachbereich der Promotion: Humanmedizin
Titel der Dissertation: *Vergleich von Carboxymethylcellulose (Rapid Rhino®-Sinu-Knit) und ‚keiner Nasentamponade' nach endoskopischer Nasennebenhöhlenchirurgie*
Zurzeit tätig als Facharzt für Hals-Nasen-Ohrenheilkunde in der eigenen Praxis in Gilching sowie Belegarzt am Klinikum Starnberg.

Fanpost

Peter Stöger

Es waren Studentinnen und Studenten auf dem Weg zum Doktorat und solche, die schon promoviert hatten, die mir ihr Land eröffneten. Sie haben allesamt einige Zeit in Tirol studiert, und allesamt waren stets überrascht, wie schwer wir uns Tirolerinnen und Tiroler doch tun, Deutsch zu sprechen. Als sie dann auch in Schulklassen hospitierten, war ihr Staunen groß, wie schwer es die Kinder haben, Deutsch als erste Fremdsprache zu lernen. Muttersprache ist eben nicht Muttersprache (und sie meinten dabei nicht die Migrantenkinder ...). Von ihrem Institut in Drohobytsch eingeladen, lernte ich ihr Land kennen. Sie waren sehr treu und anhänglich, besuchten mich fleißig in der Professorenwohnung ihrer Uni und überreichten mir Kekse, froh und ehrfürchtig waren sie doch von daheim, von woher ihnen immer dieses Daheimsein zufloss.

Und so erinnere ich mich an die Zeit vor gut zehn Jahren. Es ist eine freundliche Erinnerungswolke ... Nach den Vorlesungen begleiteten sie mich stets von der Peripherie, wo ihr Institut war, bis ins Stadtzentrum und löcherten mich mit Fragen über Erziehung und über Österreich. Hätte ich sie wegschicken sollen?

Da kommt eine zweite Erinnerungswolke ... Die ist düster. Hohl kamen mir nun die Phrasen vor, die immer von der nötigen Distanz sprachen, die *das* Kriterium hochprofessionalen Verhaltens darstellen sollten. Ich hütete auch dieses „Geheimnis", weil ich den Zynismus schon ahnte. Mir kommt hier auch jene westafrikanische Schwester in den Sinn, die entgegen solcher Leitbilder ihren ihr anvertrauten gebrechlichen alten Leuten Kinderlieder und Kirchenlieder ihrer ivoirienischen Heimat vorsingt.

Nun, die Neugierde der Ukrainerinnen und Ukrainer war frisch und unmittelbar. Ihr Interesse war kein abstraktes. Ihre Fröhlichkeit weder aufgesetzt noch taktisch. Mehr als einmal überraschte ich sie mit demographischem Material aus der Zeit der Monarchie. Drohobytsch war ehedem Teil des Kronlandes Galizien und Lodomerien, aus dem sich später Galizien und die Bukowina entwickelten. Da machte ich sie aufmerksam, dass in ihrer Stadt mit (heute gezählten) ca. 80.000 Einwohnerinnen und Einwohnern seinerzeit eine knappe Hälfte Juden lebten. Fast alle wurden, vornehmlich in den Konzentrationslagern von Treblinka und Sobibor, ermordet. Fast 70 Jahre nach Kriegsschluss war das den Allermeisten neu.

Die Studierenden sangen mir die Lieder ihrer Heimat vor, so erdig wie wehmütig auch. Und einmal kamen sie mit einem Christbaum in meine Bude. Den putzten sie auf, und dann war auch flugs weihnachtliches Essen bereitet. Dabei war *ihr* Weihnachten nach dem Julianischen Kalender noch gar nicht gekommen, aber sie wussten um den meinen, den Gregorianischen der „Polen". Die „Polen" sind das Synonym der Lateiner, sie selbst gehören zu den Griechen, womit die Griechisch-Katholischen im Gegensatz zu den Römisch-Katholischen gemeint sind.

Einmal fuhr ich nach Hause. Zurück in Innsbruck, öffnete ich meine „E-Mail". Und was fand ich? Post aus Galizien. Der Absender hatte einen Titel: „Fanpost". Angeschlossen eine ganze Gruppe von Studentinnen und Studenten … ;-)

Und wieder kommt sie, die dunkle Wolke, diesmal ziemlich schwarz. Irgendwo in Innsbruck bleibt sie hängen. Ja, ich kenne sie, meine Pappenheimerinnen und -heimer, die sorry, wenn ich sprachspielerisch ironisch werde, die Postpostprotzrotzrostrotzprostmodernerinnen und -moderner und ihre gespiegelten Spiegelspiegel-Spiegleinanderwandphilosophien: „Was Du bist glücklich? Das wird doch wohl zu ändern sein!" Sofort würden manche nun diskursiv dekonstruieren und dekonstruiert Dekonstruiertes gleich wieder retrofuturistischhyperhypo (Ipo ist in Mexiko der Schluckauf) dekonstruieren ad infinitum. Von versteckten Struktur-Dynamiken, missglückten Nähe-Distanzverhältnissen, gescheiterten Genderidentitäten, von wild gewordenen Projektionen, von der Aggression des Guten (Der gute Mensch ist nur zu feige, böse zu sein…) etc. wäre die Rede, solange Sprachfuselchen noch was hergeben. Es blieben nur die verdrießlichen zeitgeistigen Bilder, allesamt geradeausdrunterdrüberverkehrtrechtslinksvorzurückschrägretronihilistischdadafuturistischdiskursreif gemacht.

Doch Gott sei Dank wurde der Himmel meiner Erinnerungen wieder klar. Ich war froh und glücklich, und ich freu' mich heute und morgen. Was ich damals in der Ukraine erlebte, gehört zu meinem Lebensschatz. Ich hoffe ja auch, dass, wenn die ganz große Reise einmal beginnt, niemand mit mir einen Diskurs eröffnen möge, wohl aber Kinderlieder, Abzählreime oder Adventlieder.

In meinen Erinnerungen streicht der Wind über die Karpaten herunter zu den Hügeln, wo Drohobytsch liegt. Er bringt Melodien mit sich, uralte Märchen und Hirtenlieder. Er flüstert vom Städtel, vom Großvater auf dem Dach, der Geige spielt. Er flüstert vom Kindland, aus dem wir kommen und zu dem wir streben. Es ist Herbst und ich rieche Kastanien, bald wird es weiß, die Kinder in Innsbruck schreiben Briefchen nach oben, und ein alter Professor bekommt Fanpost ...

Zum Autor
Ao. Univ.-Prof. Dr. Dr. h. c. PETER STÖGER

Studium der Erziehungswissenschaften, Psychologie und Philosophie an der Leopold-Franzens-Universität Innsbruck.
Fachbereich der Promotion: Erziehungswissenschaften.
Titel der Dissertation: *Das Katholische Bildungswerk Tirol*
Zurzeit tätig als (emeritierter) Professor für Erziehungswissenschaften am Hochschullehrgang der IRPA (islamische Religionspädagogische Akademie in Wien) und externer Lehrbeauftragter am Institut für LehrerInnenbildung und Schulforschung der Leopold-Franzens-Universität Innsbruck.

Helikopter-Sicht in fünf Betrachtungsszenen

Armin Lohmann

Kongresszentrum in Glasgow
Wie klein ist doch die Welt? Januar 2016 am Rande der ICSEI-Tagung. Dort treffe ich die drei Nachwuchswissenschaftlerinnen der Leopold-Franzens-Universität aus Innsbruck. Evi, Livia und Nadja kommen eben von der Uni und dem „Institut für LehrerInnenbildung und Schulforschung", an dem ich mich im Herbst 2008 nach einer fast 40-jährigen Berufserfahrung als Student eingeschrieben habe. Den drei engagierten Wissenschaftlerinnen begegne ich nach einem gut besuchten Symposium zur Lehrerprofessionalität im wuseligen Vorraum des Kongress-Hotels. Vermutlich mit leuchtenden Augen erzähle ich ihnen meine Eindrücke von „ihrer Uni". Zum Beispiel von der imposanten Bibliothek. Oder meine aus verschiedenen Blickwinkeln wahrgenommene Sicht auf die Landeshauptstadt Tirols: von ganz oben aus den Arbeits- und Besprechungsräumen meines Doktorvaters Univ.-Prof. Dr. Michael Schratz auf die Innenstadt oder die etwas makabre Variante von der gegenüberliegenden Seite ganz oben aus dem Kopf der „Kobra". Dort von der Skisprung-Schanze eröffnet sich unvermeidbar der Blick über den Schanzentisch hinaus auf den Friedhof der Klosterkirche. Oder sei es nachts, im Januar aus dem Obergeschoss des Bildungszentrums „Grillhof" auf eine funkelnde, glitzernde Stadt, die sich von der schneebedeckten Alpen-Nordseite und einem sternenklaren Winterhimmel markant absetzt. Es ist eben diese besondere Draufsicht auf eine mir seit Jahrzehnten vertraute Stadt, deren Wahrnehmung mich während meines Studiums allerdings von einer völlig anderen Seite inhaltlich berührt hat.

Szenenwechsel: Lufthoheit
Was treibt mich zu diesem Studium, zu dem mich Wegbegleiterinnen und -begleiter im Ministerium und in verschiedenen Schulentwicklungsinstituten drängen? Damals, im Herbst 2008, fragte ich mich als Verantwortlicher für die Schulentwicklung von mehr als 3.000 Schulen in Niedersachsen: „Stimmt denn das alles, was ich mit meinem Team

und den in Qualitätsnetzwerken und Bildungsregionen beteiligten Schulen bewege? Haben Schulleiterinnen und Schulleiter von ‚Eigenverantwortlichen Schulen' überhaupt eine Wirkung auf die Schul- und Unterrichtsqualität?" Bei der Beantwortung dieser Fragen ging es um verschiedene, sich systemisch wechselseitig berührende Akteurs- und Handlungsebenen. Man ahnte nur ungefähr, was die Wirkung einer Schule, einer Schulbehörde ausmachen könnte. Von den Einflussmöglichkeiten aus ihrem je spezifischen Umfeld heraus und über ihre organisatorischen Grenzen hinweg wurden zwar Hypothesen formuliert, aber keine konkreten Beweise geliefert.

Gerade vor der dem Hintergrund der nach Landtagswahlen wechselnden politischen Kulisse spielen Diskurse über Leadership und deren Einflussnahme auf die Schulentwicklung (also effektive Schulführung) eine besondere Rolle: Es geht hierbei mehr um die Lufthoheit über einer als wirkungsvoll angenommenen Bildungspolitik. Besonders die Widerborstigkeit ewiger Rechthaber, eingefahrener Routiniers, die sich als Opponenten aus allen System-Ebenen gegen die Beantwortung dieser Fragen stellen, bestimmen das diskursive Feld. Immerhin liegt bis dahin kein wissenschaftlicher Lakmus-Test vor, weder in Deutschland, in der Schweiz, Südtirol noch Österreich. Mich reizte die Suche nach einer wissenschaftlichen Antwort, zumal ich sie vor dem Wissens- und Erfahrungshintergrund einer fast vierzigjährigen Berufskarriere aus verschiedenen *Erfahrungs- und Blickrichtungen* zu beurteilen vermag. Aber beantworten?

Szenenwechsel: Sprung aus dem Haifischbecken
Quasi fernab von den Wirren oberster behördlicher Gestaltungsakte, die sich für mich oft wie in einem kühl temperierten Haifischbecken vollziehen, bietet mir das Studium in Innsbruck ein Refugium. In der damals neu eingerichteten Uni-Bibliothek erlebe ich ungeahnte Zugänge zur internationalen Literatur. Der fachwissenschaftliche Austausch mit meinem Doktorvater Michael Schratz sowie beruflichen Wegbegleiterinnen und -begleitern aus Tirol eröffnen mir darüber hinaus einen schnörkellosen *Perspektivenwechsel* auf die Systemfragen der Nord-, Ost- und Südtiroler Schulwirklichkeit. Auf Flip-Charts halte ich diese Fachgespräche fest. Die Vergegenständlichung unserer Gedanken und Impressionen werden großflächig und skizzenhaft gestaltet. Das Wiedereintauchen in den beruflichen Alltag im Ministerium sowie der Diskursaustausch im Forschungskolloquium bei Univ.-Prof. Dr. Martin Heinrich (Institutsleiter an der Leibniz-Uni in Hannover) bedeuten für mich einen ständigen Perspektivenwechsel zwischen meiner theoriegeleiteten Praxis *und* Reflexion.

Szenenwechsel: Tunnelblick
Zum Beginn des Jahres 2010 werde ich unerwartet ausgebremst. Ein Autoimmunprozess verweigert meinem Körper die Blutbildung. Zwangsläufig wechsle ich nun im Krankheitszustand meinen „Studienplatz": Nun bin ich für mehrere Jahre Patient der Medizinischen Hochschule (MHH) in Hannover und zugleich Fernstudent in Innsbruck. Es ist eine wirre Zeit. Irgendwie getrieben und fest entschlossen, meiner Krankheit die Stirn zu bieten, forsche ich weiter und vertiefe mich in das inzwischen erfasste Zahlenwerk externer Evaluationsdaten von knapp 2.000 niedersächsischen Schulen. Ich durchforste das statistische Gewirr eines fünfjährigen Erhebungszeitraums. Die Suche nach einer wissenschaftlich fundierten Antwort auf den realen Steuerungseinfluss der Schulleitung entpuppt sich als eine ungeahnte Herausforderung.

Szenenwechsel: Stationäres Konferenzzimmer in der MHH
Es ist eines dieser Wochenenden im Spätherbst. Mein Doktorvater besucht mich im Klinikum der Medizinischen Hochschule in Hannover (MHH). Wir beide hatten uns verabredet, über die Fortschritte meiner Dissertation zu sprechen. Zuvor hatte er mir versichert, dass er quietschgesund und nicht irgendwie ansteckend sei. Insofern war alles für seinen Besuch in der hämatologischen Abteilung meines behandelnden Arztes Univ.-Prof. Dr. Arnold Ganser an der MHH vorbereitet.
Uns steht das stationäre Konferenzzimmer des Ärzteteams zur Verfügung. Flipchart, Besprechungstisch sowie meine kleine Bibliothek mit allen Aufzeichnungen – quasi ein Handapparat – sind griffbereit. Mein fürsorglicher Arzt Prof. Ganser hat mich vorsorglich mit Blut gestärkt, sodass ich „EPO gedopt" in das Gespräch mit meinem Doktorvater gehe.
Er und ich begrüßen uns eher distanziert, um meine Ansteckungsgefährdung wissend. Wir treffen uns in voller Kittel-Montur mit Haarhaube, Mundschutz – denn keimfreie Atmosphäre ist gefragt. Ich führe meinen Galgen mit einem Infusionsbeutel Thrombozyten-Konzentrat neben mir. Tee, Gebäck, Frischobst, Moderationskarten sowie Stifte drapieren den Konferenztisch. Mein Doktorvater verwickelt mich recht zügig in ein intensives Fachgespräch. Er heftet unsere gemeinsam kreierten Flipchart-Aufzeichnungen an die metallene Magnetwand. Wir wühlen in den von mir für dieses Gespräch vorbereiteten Aufzeichnungen. Als frisch Gedopter zeige ich keine Ermüdungserscheinungen. Nach längerem Gesprächsaustausch, die Thermoskanne mit Tee ist inzwischen erneut aufgefüllt, kommt mein Doktorvater zum Schlusspunkt. Alle neuen Skizzen sind auf dem Boden ausgebrei-

tet und mit gemeinsam gefundenen Überschriften identifiziert. Eine papierene Insel bekommt die Überschrift „Alle Schulen – alle Schulformen", eine andere „Ergebnisse der Schulprogramme" usw. Mein Doktorvater hüpft von den „SEIS-Evaluationsdaten der Eltern", zu denen der „Lehrer" und dann zu denen der „Schüler", dann wieder zu denen der „Schulleiterinnen", dazwischen immer wieder Wiegeschritte zu den „theoretischen Hypothesen". Mehrfach dreht er sich um die eigene Achse und leitet eine Schrittbewegung in Richtung „Forschungsdesign und den daran angehefteten Forschungsfragen" ein. Physisch zeichnet mein Doktorvater den Gedankenbogen der „regionalen und internationalen Aspekte" nach, indem er mit seinen Schritten zwischen den papierenen Inseln die Verbindungen herstellt. Die gefundenen Zusammenhänge sind nicht alle einleuchtend für mich, sodass mein Doktorvater mich nun auffordert, einen *Perspektivenwechsel* einzugehen. Vor allem soll ich Fragen formulieren, um neue kontextuale Bezüge herzustellen. Eng mit den Schläuchen des Infusionsbeutels verbunden, der am Galgen neben mir bewegt und geführt wird, klett're ich nun auf den Konferenztisch. Von dieser Warte versuche ich, mir einen Überblick über das am Boden ausgebreitete Gedankengut zu verschaffen. Es ist die sogenannte *„Helikopter-Perspektive"*, die mein Doktorvater mir als den Zugang zu unseren ausgebreiteten Aufzeichnungen neu eröffnet. Allmählich dämmert's. Eine andere Draufsicht offenbart mir: „Ganzheitlich" ist das Schlüsselwort, um die Sinnbezüge dieser *Helikopter*-Sicht für mich auch methodisch zu erschließen: *„Qualitativ und quantitativ sind die erhobenen Datenmassen über mehrere Beziehungspunkte und -ebenen zusammenzuführen. Punkt."* Es ist ein herzlicher Augenblick, als wir beide gleichzeitig die Mundschutz-Masken herunterziehen, um uns in die lachenden Gesichter zu schauen.

Zum Autor
Dr. Armin Lohmann

Studium der Erziehungs- und Bildungswissenschaften an der Fakultät für Bildungswissenschaften der Leopold-Franzens-Universität Innsbruck sowie paralleles Teilzeitstudium an der Leibniz-Universität Hannover.
Fachbereich der Promotion: Bildungswissenschaften
Titel der Dissertation: *Qualität an Schule und von Unterricht durch Führung? Wirksamkeitsstudie zum Schulleitungshandeln an den Projektschulen der Bildungsregion Emsland in Niedersachsen*
Zurzeit tätig als Ministerialrat i. R., Dozent und Berater u. a. Mitwirkung im Masterstudiengang „Kulturelle Bildung" an der Universität Marburg sowie Mitherausgeber der Zeitschrift „Pädagogische Führung".

Nach dem Doktor ist vor dem Doktor

Hans Karl Peterlini

Warum soll über die Dissertation nachgedacht werden und nicht über Gesellenprüfungen oder Meisterbriefe, über das Wissen der Bäuerinnen und Bauern, das auf den Feldern gepflanzt und weitergegeben wird, über das Erfahrungslernen jener, die mit Doktorat gefahrvoll nach Europa kommen, um hier auf ihre Brauchbarkeit im Putz- oder Pflegedienst reduziert zu werden? Ich weiß, rhetorische Fragen moralisieren und ermöglichen keine Antworten. Sie drücken mein Unbehagen aus, der Dissertation – auch meiner eigenen – jenen Wert zuzugestehen, den der verleihende Wissenschaftsbetrieb mit ihr verknüpft: die Aufnahme in eine Elite, die sich selten daraufhin prüft, welche Teilhabe sie ermöglicht und welche soziale Distanzierung sie etabliert, ob der gewährte oder beanspruchte Status auf Substanz beruht oder auf Firlefanz, ob das hervorgebrachte Wissen einem gesellschaftlichen Zweck dient oder dem Selbstzweck frönt.

Das Unbehagen rührt wohl auch daher, dass ich den längsten Teil meines Arbeitslebens ohne Titel ausgekommen bin, da stand kein Mag., kein dott. und schon gar kein Dr. vor meinem Namen, später haben mich diese Kürzel eher irritiert, als dass ich mich mit ihnen schmückte. Da schimmert wohl ein widerspenstiger Zug durch, der meine Bildungsbiographie durchzieht. Ich war ein Musterschüler in der Dorfschule, meine Aufsätze wurden laut vorgelesen, meine Noten glänzten ohne jede Mühe, in der Schulbibliothek war ich Rekordhalter im Ausleihen von Büchern. Dann kam ich in die Stadt ins Gymnasium und fand mich, wie einer unsichtbaren sozialen Einordnung folgend, im unteren Klassenfeld wieder. Meine Aufsätze wurden nieder bewertet, meine Leistungen passten sich – das könnte so etwas wie der Lehrkrafterwartungseffekt sein – dem Status an, den ich in dieser feineren Gesellschaft unbewusst eingenommen hatte: ein Lauser vom Land, lümmelhaft, undiszipliniert, zum Glück schlau genug, um Jahr für Jahr an Nachprüfungen vorbeizuschrammen. Ein einziger Lehrer vermittelte mir, im vierten Oberschuljahr, das Gefühl, dass er auch wirklich mich meinte, wenn er mit mir sprach. Wie tief das ging, erfuhr ich, als ich ihm Jahre später zufällig begegnete: Obwohl mittlerweile erwachsen, obwohl erfolgreich in meinem Beruf, errötete ich in einer Mischung aus Scham und Angerührt-Sein.

Es bedurfte langer Umwege, bis ich auf eine Universität kam – zunächst gar nicht als Studierender, sondern als Referierender und Lehrender zu Themen, bei denen meine Expertise anerkannt war. Den Weg wies und eröffnete mir der damals bereits emeritierte Klagenfurter Ordinarius Dietmar Larcher, indem er mir einen solchen zutraute, ein diesmal ins Positive gewendeter Lehrkrafterwartungseffekt. Larcher war nie mein Professor, wohl aber das, was man früher Meister genannt hätte. Ich hatte ihn in meinen ersten Berufsjahren als Journalist kennengelernt. Es ergab sich eine Art Brieffreundschaft via E-Mail, amüsant, geistreich, anregend. In der Folge las er meinen Katalogtext zur Ausstellung „Sehnsucht Heimat" (Hall in Tirol, 1998), für die ich junge Südtiroler Schützen und Marketenderinnen zu Heimat und Identität interviewt hatte. Dieser für mich unerreichbar große Professor Larcher, mit dem ich damals noch per Sie war, schrieb mir, dass ihn meine Dekonstruktion von Heimat à la Derrida (ich musste nachlesen, wer das ist) sehr beeindruckt habe. Wäre er noch Institutsleiter in Klagenfurt, würde er mir sofort einen Lehrauftrag vermitteln. Es kam später tatsächlich dazu.

Wie wichtig Mutmacher am Wege sind, lässt sich daran nachvollziehen, dass ich Larcher auch ins Vertrauen zog, als ich meine letzte Stelle als Chefredakteur aufgab und mich mit über 40 an der Universität Innsbruck inskribierte. Da wirkte wohl der Stachel aus meinem frühen Studienabbruch, auch wenn ich mir das nie zugestanden hätte. Natürlich studierte ich nur aus Jux, natürlich nur ein Semester lang, auf keinen Fall würde ich mehr Zeit verschwenden. Einen Titel anstreben? Nie! Ich inskribierte mich in alles Mögliche, Politikwissenschaften, Zeitgeschichte, Philosophie und wenig überzeugt auch in Pädagogik; auf die Politikwissenschaften und auf die Zeitgeschichte ging ich gar nie, in der Philosophie belegte ich ein einziges Seminar. Ausgerechnet die Pädagogik zog mich in den Bann. Gierig sog ich alles auf, was ich lernen konnte, war fasziniert vom Mühen um den Menschen bei gleichzeitiger Einsicht in dessen Grenzen (Siegfried Bernfeld), erblickte hier Möglichkeiten für ein Lernen und Erziehen, das über bloße Handlungsanleitungen und Disziplinierungen hinausging – und viele Erklärungsmodelle für das Scheitern, auch mein eigenes.

In Innsbruck war die psychoanalytische Pädagogik gerade im Höhenflug, zugleich war mir bang davor. Dietmar Larcher schrieb dazu einen einzigen Satz: „Fürchten Sie sich nicht vor der Psychoanalyse."

Ich bereute es nie, blieb nicht nur länger als ein Semester, sondern schloss das Studium mit einer Psychoanalyse des gewaltsamen Südtirol-Konflikts ab. Ohne diese Ermutigung und ohne den intellektuellen und methodischen Freiraum, den die Innsbrucker Professorenschaft – mein Betreuer Josef Berghold, Josef Aigner, Hans Jörg Walter, Helmwart Hierdeis, Herbert Bickel, Franz Baur – mir bot, hätte sich dieser Weg schwerlich aufgetan. Das macht nachdenklich, wie viele Wege verschlossen bleiben, weil Studierende diese Ermutigung nicht finden, von Methodenzwängen demotiviert werden, in Herrschaftsdiskurse zurückgewiesen werden. „Darf man das?", ist eine Frage von Studierenden, die mich heute noch zusammenzucken lässt.

Vor der Dissertation hatte ich diese Frage selbst im Kopf. Ich war Vater von vier Kindern, hatte ein Dutzend Monographien geschrieben und herausgegeben, meine Artikel und Beiträge könnte ich gar nicht zählen, ich habe Zeitschriften gegründet und wieder einstellen müssen, ich hatte aus politischer und journalistischer Praxis manche Erkenntnis formuliert, die ich später aus hochgestochenen theoretischen Konzepten herausschälen musste, um zu sehen, dass ich da ja schon einmal angekommen war. Aber der bloße Gedanke an eine Dissertation machte mich klein. Zuerst wies ich ein solches Vorhaben ganz von mir, dann ergab sich die Möglichkeit eines Stipendiums an der Freien Universität Bozen, ich bewarb mich und wurde als Erster gereiht. „Jetzt wirst du es hoffentlich glauben", scherzte Siegfried Baur, den ich um Betreuung gebeten hatte, ohne ihn sonderlich gut zu kennen. Ich glaubte es immer noch nicht. Schon die Frage, worüber ich dissertieren sollte, brachte mich zum Verzweifeln. Kein Thema schien mir groß und würdig genug, was umgekehrt bedingte, dass ich mir immer kleiner und unwürdiger vorkam. Verunsichert fragte ich Baur, ob er nicht ein Thema wüsste, worauf er in berechtigter Strenge meinte, das Thema müsse schon vom Dissertanten kommen. Ich entwarf Design über Design, meine Ideen wurden immer verstiegener und verschachtelter, am Ende hatte ich zehn mögliche Varianten hochkomplexer Dissertationsthemen, deren forschungsleitende Fragen in zahlreiche Unterfragen dekliniert wurden. Fast ein wenig stolz, aber doch auch sehr bange schickte ich diese Menüauswahl – nein, noch nicht meinem künftigen Doktorvater, sondern dem mir vom Leben zugespielten Mentor in Wien. Das schien mir gefahrloser.

Die Mail an Dietmar Larcher enthielt eine lange Liste elaborierter Dissertationsprojekte mit der Bitte, sich diese anzuschauen. Vor dem Abschicken fügte ich noch ein eiliges P.S. an, das meiner verdrängten Widerspenstigkeit entsprungen sein muss: „Übrigens hätte ich noch", schrieb ich in unbedachter Lockerheit, „die Interviews der jungen Schützen und Marketenderinnen für die Heimat-Ausstellung. Ich könnte sie nach zehn, zwölf Jahren noch einmal interviewen und schauen, wie sich ihre Identitätsentwürfe und Einstellungen verändert haben, durch Lebensereignisse, Lernerfahrungen, Wohnortwechsel, Bildungswege etc." Mehr nicht. Die Antwort kam postwendend, ich zitiere sinngemäß: „Vergessen Sie alle diese Projekte, die sind zwar auch gut, aber schwindelerregend kompliziert. Machen Sie das im P.S. mit den Jungschützen! Das ist ein aufgelegter Elfmeter." Ich schluckte, wunderte mich über meinen Mut, diesen Vorschlag überhaupt gemacht zu haben, und sah mit einem Male das gesamte Design der Arbeit vor mir. Sie schien mir so leicht und so klar, dass ich Hemmungen hatte, das Thema nun auch Siegfried Baur vorzuschlagen. Dieser beugte sich über das Exposé, las halblaut den einen oder anderen Satz mit, atmete ein paar Mal tief, richtete sich auf und meinte, „ja, das könnte so gehen". Es war ein Vertrauensvorschuss, auch aus dieser Betreuung wurde Freundschaft.

Wieder griff ich also auf, vertiefte neu und entwickelte weiter, woran ich schon als Journalist und Autor gearbeitet hatte. Dieses Arbeiten im Steinbruch des politischen und gesellschaftlichen Alltags hat, wenn auch in der Hast journalistischer Aktualität, frühe Brücken gelegt zu den späteren theoriereflektierten und methodisch besser gestützten Vertiefungen. Ich weiß nicht, ob ich ohne diese Vorerfahrungen nicht doch zu einem Verworfenen und Sich-Verwerfenden des Bildungsbetriebes geworden wäre, weil der mitgebrachte Habitus nicht der erwartete war, weil Abwertungen und Engführungen des Lernens nicht der eigenen Bildungsambition entsprachen oder dieser nicht ausreichend Raum gaben. Bei aller Fremdheit im Wissenschaftsbetrieb und aller Schüchternheit eines Spätstudierenden genoss ich den Status eines arrivierten Außenseiters. Ich durfte mir radikale Brüche mit Konventionen leisten und – im Sinne von Larchers „narrativer Empirie" – meine schreibende Freihändigkeit als Erkenntnissuche erproben, angelehnt an Hannah Arendts Rechtfertigung von „Berichterstattung" als Wissenschaft, die über reine Gelehrsamkeit hinausgeht. Die Lust, mit Theorien nicht ehrfurchtsvoll, sondern kreativ umzugehen, wurde nicht nur nicht eingebremst, sondern fand und findet Anerkennung in Verstehensgemeinschaften wie jener mit der Gruppe der Innsbrucker Vignettenforschung um Michael Schratz, wie jener mit Käte Meyer-Drawe. Immer noch aber zögere ich, Studierenden meine Dissertation in die Hand zu geben, höchstens mit der Warnung, dass mein wissenschaftliches Schreiben nicht unbedingt zur Nachahmung taugt. Die allerwenigsten sind in meiner privilegierten Position, die meisten benutzen Methoden notgedrungen wie Gebrauchsanweisungen, klammern sich an den Handlauf von Treppengeländern, denn sie haben keine Garantie, dass ihnen in künftigen Prüfungsinstanzen das Fliegen erlaubt ist wie dem Freinet'schen Adler, der bekanntlich keine Treppen steigt.

So ist das nun mit meiner Dissertation, über die zu schreiben sich etwas in mir sträubte. Ich konnte nie stolz darauf sein. Die Verleihung der Doktorwürde (nennt man das so?) war mir peinlich, ich brüskierte sogar mir nahestehende Menschen, als ich über die „Maskerade" spottete, die durch das Tragen der Talare bei der akademischen Feier verbunden sei. Dann stand ich plötzlich im geliehenen Kostüm vor dem Rektor und hatte das Gefühl wirklicher Aufnahme, dazuzugehören zu denen, die zur Erklärung und Besserung der Welt beitragen. Es war ein kurzer Moment des Abhebens, in dem ich auch Dankbarkeit spürte für alle, die mir bis dahin geholfen hatten. Am nächsten Tag ging ich mit meinem Hund spazieren und beklagte mich in einer SMS an Dietmar Larcher, dass der Hund von meinem Doktortitel gar nicht beeindruckt sei und unfolgsam wie eh und je meine Befehle missachte. Der Meister in Wien antwortete nur halb ironisch, dass der Hund es zu schätzen wissen werde, wenn sein Herrchen ihm bald größere Knochen zuwerfen könne. Auf dem langen Umweg vom Studienabbruch als 20-Jähriger war ich nun wohl weiter gelangt, als sich meine verstorbenen Eltern vielleicht erhofft hatten, denn sie hatten mich nie unter Druck gesetzt. Ich weigere mich immer noch, mich über einen Titel zu freuen und in der Dissertation etwas Besonderes zu sehen. Das Besondere ist, wenn einiges von dem, was denkende, schreibende, forschende und lehrende Menschen sich vornehmen, zu etwas Gutem führt, das Doktorat kann dies ermöglichen und erleichtern – oder auch nicht, denn auch was gut ist, wissen wir oft nicht sicher oder zeitverzögert. Nach dem Doktorat ist vor dem Doktorat. Dazwischen tun wir, was wir können.

Zum Autor
Univ.-Prof. Mag. Dr. Hans Karl Peterlini

Studium der psychoanalytischen Pädagogik an der Leopold-Franzens-Universität in Innsbruck.
Fachbereich der Promotion: Allgemeine Pädagogik
Titel der Dissertation: *Heimat zwischen Lebenswelt und Verteidigungspsychose. Interkulturelles Lernen und Verlernen in einer ethnozentrischen Kultur: Narrative Fallstudien des Identitätswandels am Beispiel junger Südtiroler Schützen und Marketenderinnen*
Zurzeit tätig als Universitätsprofessor für Allgemeine Erziehungswissenschaft und Interkulturelle Bildung an der Alpen-Adria-Universität Klagenfurt, Institut für Erziehungswissenschaft und Bildungsforschung.

Zur Rigorosität des Rigorosums

Des Dozenten neue Kleider
Oder: Die Umkehrprüfung

Dietmar Larcher

Und es begab sich, dass der Herr Assistent, mit dem Verfasser dieser Zeilen nahezu identisch, endlich habilitiert ward. Da nahte schon ein Studierender und fragte an, ob er denn, wenn es möglich wäre, seine Dissertation, die er schon ziemlich weit vorangetrieben hätte, ihm, dem eben mit den Höheren Weihen Gesegneten, zu treuen Händen übergeben dürfe. Der frisch Gesegnete, dem dieser Student gut bekannt war und den er wegen seines überaus kenntnisreichen und scharfsinnigen Zugangs zur Sozialwissenschaft schätzte, fühlte sich ob dieser Anfrage geschmeichelt, hätte sich der aufstrebende Jüngling doch auch an einen älteren und erfahreneren Haudegen dieser Wissenschaft wenden können. Also sagte er ja. Und er sagte es mit schlecht verhohlenem Stolz, denn ab jetzt würde er die anderen segnen, nachdem er selbst so oft, zu oft gesegnet worden war.

Dies irae, dies illa. Der Tag des Rigorosums war gekommen. Der Dozent war aufgeregt, es war ja sein erstes Mal. Deshalb legte er feierliche Gewänder an, wusch sich die Hände, um ein Haar hätte er sich auch noch eine Krawatte umgebunden, um der Würde des Gerichts Respekt zu zollen, doch es waren die wilden siebziger Jahre – und er schritt daher oben ohne zur Stätte des Jüngsten Gerichts. Der Hinzurichtende war schon da. Über ihn galt es, Gericht zu sitzen vor der Segnung. Der Verdächtige musste vom Segnenden, der in dieser apokalyptischen Situation zum Richter mutierte, auf seine wissenschaftliche Rechtschaffenheit hin geprüft werden. Der vor dem Richtstuhl Stehende glänzte mit brillanten Antworten, wagte kritische Bemerkungen, auch solche, die des frisch inaugurierten Richters, also des Dozenten, Lehrmeinung in Frage stellten. Und der Dozent sah, dass es gut war. Es waren ja die siebziger Jahre.

Daraufhin begab man sich zum Zweitprüfer, dem berühmten Professor Kohler, Psychologe von Weltruf, der mit seinen Umkehrbrillen die Welt auf den Kopf gestellt und seiner Wissenschaft ob seiner Kreativität und seines originellen Denkens manch wertvollen Dienst geleistet hatte. Ein Kauz, so sagte man, sei er geworden, jetzt, da er wie die Taube des Heiligen Geistes durch die Landschaft der Weisheit und der Wissenschaft flatterte und manchmal dabei auf die ganz reale Wirklichkeit zu vergessen schien. Er hatte natürlich auch den Prüfungstermin vergessen. Also sollte die Kommission, sollten vor allem der Dozent und der Halbgeprüfte zu ihm wallen, wurde per Telefon vereinbart. Der Vorsitzende, ein bekannter Schifahrer, der nebenbei auch ab und zu auf seinem Lehrstuhl thronte, sagte, er würde später nachkommen. Das dürfte er jedoch vergessen haben, denn er kam nicht. Es waren ja die siebziger Jahre.

Der Professor Kohler saß, angetan mit seinem grauen Arbeitsmantel, im Büro. Ab und an huschte sein Assistent vorbei, der – so die Fama – des Großmeisters Umkehrbrillenversuche ebenfalls durchgeführt hatte, aber nicht mit Menschen, sondern mit Hühnern.

Die Prüfung begann. Der Professor stellte die erste Frage: „Stellen Sie sich vor, Sie gehen mit einem Farbenblinden in den Wald, um wilde Erdbeeren zu suchen. Was machen Sie, damit der Farbenblinde die reifen von den unreifen Erdbeeren unterscheiden kann?" Doch er zeigte auf den Dozenten, der die Welt nicht mehr verstand, weil er nun geprüft wurde. Aufmunternd nickte der Professor ihm zu. Der Dozent stammelte: „Also, ich würde ihm eine Kamera geben mit Infrarotfilm, die den Unterschied zwischen grün und rot in schwarzer und weißer Farbe abbildet." – „Aha!", sagte der Professor. „Nicht ganz falsch, aber das Verfahren ist sehr kompliziert und dauert viel zu lange." Er war sichtlich unzufrieden. Da meldete sich der eigentliche Prüfling kühn zu Wort. Professor Kohler: „Ja, sagen Sie es ihm!" Der Prüfling legte den Kopf schief und sagte, leicht ironisch lächelnd: „Herr Professor, wenn Sie so eine Frage stellen, kann die Antwort nur lauten: Umkehrbrillen, und zwar Farbumkehrbrillen!" – „Ja, richtig. Genau richtig." Und er blickte wieder zum Dozenten und sagte: „Sehen Sie, der Kollege weiß es." Er verlangte zwar nicht expressis verbis, dass sich der Dozent schämen solle, aber der schämte sich sehr. Denn er stand jetzt ziemlich nackt da, bekleidet nur mit der Würde seiner Habilitation. Aber er hörte interessiert zu, denn nun begannen die beiden einen tiefsinnigen Diskurs über Perzeption durch das Auge, Datenverarbeitung durch das Hirn und gesellschaftliche Einflüsse auf die Interpretation des Wahrgenommenen.

Die nächste Frage war schwieriger. Selbstverständlich auch wieder an den Dozenten gewandt: „Sie fahren mit dem Auto in der dunklen Nacht, sagen wir, bei Zirl vorbei. Was sehen Sie?" Der nackte Dozent, der nun immer aufgeregter wurde, wollte zunächst irgendetwas von Umkehrbrillen sagen, doch das kam ihm jetzt nicht ganz passend vor.

Also blieb er die Antwort schuldig. Wieder musste sich der Professor dem Prüfling zuwenden. Von ihm verlangte er, dass er die Frage beantworte, er als (vermeintlicher) Kollege müsse ja die Antwort wissen. „Ich sehe weiße Elefanten", sagte der ganz unverfroren. „Ah, weiße Elefanten ... sehr interessant." Nun begann ein Diskurs, irgendwo angesiedelt zwischen Wahrnehmungstheorie, Gestaltpsychologie und Psychoanalyse, bei dem sich auch unser Dozent mutig einzumischen wagte, denn Psychoanalyse war ihm nicht fremd. Das gefiel dem Professor außerordentlich. „Sehen Sie, das weiß sogar der Prüfling", sagte er zum eigentlichen Prüfling, wohlwollend auf den Dozenten blickend.

Des Dozenten Selbstbewusstsein war jetzt neu gestärkt, und voll Wagemut stürzte er sich in die Beantwortung weiterer Fragen. Jetzt durfte er sogar gelegentlich mitreden, wenn die zwei diskutierten, ohne dass Professor Kohler sich ab- und dem vermeintlichen Kollegen zuwandte. Es schien, dass der Professor jetzt einigermaßen zufrieden war mit dem, was er da vom Dozenten zu hören bekam. Jedenfalls sagte er nach etwa einer Dreiviertelstunde, es sei nun genug diskutiert worden, er müsse benoten. Dabei blickte er den Dozenten an. „Tja, am Anfang waren Sie schwach", sagte er, dem Dozenten tief in die Augen blickend, „doch später haben Sie eigentlich recht vernünftige Antworten gegeben. Tut mir leid, ich gebe Ihnen bloß ein Gut." Der Dozent blickte erstaunt, der eigentlich zu Prüfende aber sagte, ein Gut finde er nicht schlecht. „Sehen Sie", darauf der Professor Umkehrprüfer, „der Kollege meint auch, Sie hätten ein Gut verdient." Und dann warf er die beiden sanft, aber bestimmt aus seinem Arbeitszimmer, während im Hintergrund wieder sein Assistent, der mit den Hühnern, vorbeihuschte.

Der Dozent und sein Student, der nur des Dozenten wegen auf sein Sehr Gut verzichten musste, das er sich redlich verdient hätte, standen auf der Straße und lachten. Sie lachten schallend laut, sodass die Leute sie befremdet anblickten, als wären beide gerade eben aus der Psychiatrie ausgebrochen. Ein weniger begabter Schriftsteller als der Autor dieser Zeilen würde dieses Gelächter wohl homerisch nennen.

Erst Jahre später, der Dozent hatte nun die allerhöchsten Weihen empfangen und thronte selbst als Ordinarius auf einer Cathedra, kam ihm in den Sinn, dass der Herr Professor Kohler damals nichts anderes als ein Krisenexperiment mit ihm und dem Prüfling durchführen wollte. Für solche Experimente war er ja berühmt. Wer weiß, in welcher Publikation er darüber referiert hatte. Umkehrprüfung statt Umkehrbrillen? Man sollte einmal in google scholar recherchieren ... Vermutlich wollte er, dieser Meister des sokratischen Lehrens, des Dozenten Hybris dekonstruieren, bevor sie noch richtig entstanden war, die Hybris dessen, der sich nun, da er eine venia legendi in Händen hält, nur allzu leicht für den Doktor Allwissend hält. Dafür ist ihm der Dozent, den der Verfasser, wie schon erwähnt, ziemlich gut kennt, bis heute dankbar. Den Splitter im Auge des Prüflings zu sehen, den Balken im eigenen Auge jedoch nicht – davor hat er, der Meister der Umkehrbrillen, den Dozenten gründlich bewahrt. Denn ihm geht seither nicht aus dem Sinn, dass er sich fühlte wie einst der berühmte Kaiser in Andersens Märchen.

Und die Moral von der Geschichte? Die gibt es nicht, nur ein schmunzelndes Erinnern an seltsame Zeiten, die angeblich besser waren. Ja, so warn's, die alten Rittersleut' ... Doch wahrlich, ich sage euch, Bologna wird auch im Doktoratsstudium für mehr stromlinienförmige Effizienz sorgen, ad maiorem oeconomiae gloriam, von nun an bis in alle Ewigkeit. Amen.

Zum Autor
em. Univ.-Prof. Mag. Dr. Dietmar Larcher

Studium der Germanistik und Anglistik an der Leopold-Franzens-Universität Innsbruck.
Fachbereich der Promotion: Sprach- und Literaturwissenschaften
Titel der Dissertation: *Der Dialekt des hinteren Zillertals. Dialektgeographie der Zillertaler Alpen*
Derzeit Pensionist und als Deutschlehrer in der Flüchtlingshilfe tätig. 1984–2000 Lehrstuhl für Erziehungswissenschaft an der Alpen-Adria-Universität Klagenfurt.

O tempora, o mores!
Oder: The two bodies of the full professor

Waltraud Fritsch-Rößler

Als ich (in Deutschland) dissertierte, musste man dazu in zwei Fächern ein Rigorosum ablegen mit je zwei Professorinnen bzw. Professoren. Neben meinem Hauptfach Germanistik wählte ich für die Doktoratsprüfung Alte Geschichte mit (weil es in diesem Fach nur einen Professor gab) Archäologie. Der Althistoriker, bei dem ich bereits studiert hatte, war unprätentiös und bar jeder persönlichen Eitelkeit. Seine Seminare begannen um 17 Uhr und endeten, wenn die letzte These ausdiskutiert war; das konnte drei volle Stunden dauern oder auch länger. Seine Vorlesung hingegen fand in aller Frühe statt (um 8.15 Uhr, nachdem er – er! – das jüngste Kind in die Schule gebracht hatte). Allerdings war sie dreistündig, verteilt auf drei Tage die Woche. Besonders leidenschaftlich (womit er freilich meist allein stand) las er über sein Spezialgebiet, die römische Numismatik. Schlaftrunken entzifferten wir – gefühlt: täglich – auf unscharfen Schwarz-Weiß-Dias Legenden wie *Imp. Caes. P.F. Aug. P.M. P.P.* und die immer gleichen *semper Augustus* oder *semper victoriosus*.

Seine immer gleiche Kleidung – ein uralter Anzug von undefinierbarem Braun mit röhren-engen Hochwasserhosen, die an Konfirmation denken ließen und den Blick freigaben auf blasse Beine in pastellfarbenen Polyestersocken, dazu ein hellblaues Strickhemd mit Streifen am Polokragen – betitelten wir insgeheim mit *semper Helanca*. Substanz war alles, Form war nichts. Niemals hatte ich ihn in einem Stoffhemd oder gar mit Krawatte gesehen, selbst als Rektor hängte er sich allenfalls die Amtskette übers Feingestrickte. Seine unkonventionelle Art stach zwar nicht so wahnsinnig vom Zeitgeist ab, denn damals pafften die Dozenten (nur sie, nur Männer) in Seminaren und bei Prüfungen, was das Zeug hielt, und die Studentinnen (nur sie, nur Frauen), die damals noch nicht Studierende hießen, strickten in den Lehrveranstaltungen oder stillten ihr mitgebrachtes Baby inmitten der Rauchschwaden. Aber ein gewisser subversiver, ja fast anarchischer Zug war bei ihm unverkennbar. Auch bei ihm zuhause ging es *casual* zu. Wir saßen in seinem ans freie Feld grenzenden Garten, der absurderweise völlig beherrscht wurde von einem riesigen Hochspannungsmasten, besprachen die Themen meines Rigorosums, er trug, was er immer trug, und während etliche Schildkröten herumkrochen, fiel ihm seine überaus eloquente Frau ständig ins Wort und gab mir (ich war hochschwanger) schon mal erste Erziehungstipps, die sich bei ihren drei Kindern offenbar bewährt hatten.

Am Tag meines Rigorosums, das nach einer römischen Kaiserin benannte Kind war mittlerweile auf der Welt, zog ich wie immer dazumal meine Blue Jeans mit Schlag an und zur Feier des Tages über das weiße T-Shirt einen eigenhändig gestrickten, farbenfrohen Pullunder mit hochkompliziertem Muster. An der Uni wartete ich im Hilfskraftzimmer neben seinem Büro darauf, dass der Althistoriker mich hineinrufen würde. Die Tür ging auf, er sah mich an, ich sah ihn an, wir schluckten beide, und statt einer Begrüßung fragte er: „Sie kommen so?" Vor mir stand ein Vertreter des klassischen Establishments in *schwarzem* Anzug, weißem Hemd und Krawatte! Ich weiß nicht mehr, wie ich zum Kandidatenstuhl fand oder welche Fragen mir gestellt wurden, welche Antworten ich gab oder ob ich überhaupt welche gab. Alles, an was ich mich noch erinnere, ist dieses pulsierende Rauschen in meinen heißen Ohren und dass der Althistoriker rasch wieder zur gewohnten Lockerheit auflief. Über irgendein archäologisches Denkmal der Perserkriege geriet er mit dem Archäologen in eine hitzige Diskussion, an der ich nicht einmal ansatzweise beteiligt wurde und die damit endete, dass er das Denkmal als rostiges Irgendwas bezeichnete, was der Archäologe pikiert quittierte mit „Bronze rostet nicht, Herr Kollege!"

Am Tag nach meinem Rigorosum kam der Althistoriker mit seiner Frau zum Abendessen zu uns – wie *semper* in *Helanca* – und brachte selbstgepflückte Himbeeren mit. Aber da hatte ich meine Lektion fürs akademische Leben bereits gelernt. Sie fällt mir bis heute, da ich mittlerweile in einem Talar-begeisterten Land lebe, in dem Konventionalität und Subversion nahtlos, daher in der Regel unmarkiert ineinander übergehen, immer wieder ein. Vor allem, wenn die in schwarzes Tuch gewandeten Prüflinge, die man *so* zuvor noch nie gesehen hat, Kolleginnen und Kollegen gegenübersitzen, die wie *semper* in T-Shirt und Turnschuhen an die Uni kommen oder in Bergschuhen und farbenfrohem Selbstgestricktem.

Zur Autorin
Univ.-Prof.[in] **Mag.**[a] **Dr.**[in] **WALTRAUD FRITSCH-RÖSSLER**

Studium der Philosophie, Germanistik und Geschichte an der Universität Mannheim.
Fachbereich der Promotion: Germanistik/Alte Geschichte
Titel der Dissertation: *Der „Tristan" Gottfrieds von Straßburg in der deutschen Literaturgeschichtsschreibung*
Zurzeit tätig als Universitätsprofessorin für Ältere deutsche Sprache und Literatur an der Leopold-Franzens-Universität Innsbruck.

Nachhaltiges Rigorosum

Konrad Bergmeister

Es war die Abschlussprüfung, das Rigorosum, von meinem Studium der europäischen Ethnologie und Kunstgeschichte. Im Jahr 1985 war Prof. Mackowitz der Leiter des Instituts für Kunstgeschichte. Aufgrund seiner Erkrankung nahm Univ.-Doz. Dr. Gert Ammann (Direktor des Tiroler Landesmuseum Ferdinandeum von 1985–2005) das Rigorosum ab. Die Prüfung war um 8.30 Uhr im Museum angesagt.

Bereits um 8.00 Uhr stand ich im neuen schwarzen Anzug vor der großen Tür des Ferdinandeums, und als der Hausmeister die Tür aufsperrte, ging ich hinein. Ich wollte früh genug dort sein, wollte mich vor der Prüfung noch konzentrieren und schritt daher guten Mutes mit schnellem Schritt über die Treppen hinauf. Oben angelangt, sauste plötzlich aus heiterem Himmel ein Schäferhund heran, bellte und biss mir in den linken Unterschenkel. Es gelang mir, das Tier abzuschütteln, denn durch das Bellen und mein Rufen kam der Hausmeister gerannt und zog den Hund zurück. Ich spürte, wie warmes Blut über mein Bein floss und langsam hinter die Socken in den Schuh drang.

Nach den ersten Schreckminuten suchte ich eine Toilette auf und sah, dass ich eine relativ tiefe Bisswunde am Bein hatte. Kurzerhand nahm ich mein gebügeltes Taschentuch aus der Tasche, wand es zu einem streifenförmigen Verband und umwickelte das Bein. Mit diesem Druckverband versehen, ging ich leicht humpelnd in den Gang zurück und suchte das Prüfungszimmer.

Dort angekommen, tauchte bald die Prüfungskommission auf. Ich versuchte, ruhig zu bleiben, und die Prüfung begann. Die Fragen in der Kunstgeschichte spannten sich vom Impressionismus über den Expressionismus bis zur Kunstrichtung der „Neuen Wilden" der frühen 80er-Jahre. Zur Entwicklung der historischen Bauweise im Alpenraum bis hin zur Sanierung von historischen Holzkonstruktionen befragten mich Prof. Karl Ilg und Prof. Johannes Daum. Fast am Ende der einstündigen Prüfung stürmte plötzlich eine Angestellte des Museums herein und sagte: „Sie hat ja der Schäferhund gebissen.

Sie müssen sofort in die Erste Hilfe!" – Die verwunderten Professoren erkundigten sich nach dem Vorfall, und ich zeigte ihnen meinen mittlerweile von Blut durchtränkten Druckverband am linken Unterschenkel. Es gab noch eine abschließende Frage, dann baten sie mich hinaus, da sie sich über meine Prüfungsleistungen unterhalten wollten.

Es dauerte nicht lange, dass ich über das positiv verlaufene Rigorosum informiert wurde. Dann begab ich mich in die Erste Hilfe der Universitätsklinik, wo die Wunde gereinigt und verbunden wurde; die mir verabreichte Tetanusimpfung sollte mich vor weiteren Folgen schützen.

Als ich dann wieder gut verbunden und mit abgeschlossenem Studium zurück ins Museum ging, wo ich ein paar Formulare zum „Unfallhergang" ausfüllen musste, sagte man, dass ich mir als Kompensation dieses „Schreckereignisses" einen Anzug kaufen durfte. Durch den Hundeangriff war nämlich die Hose seitlich aufgerissen und die Jacke etwas in Mitleidenschaft gezogen worden.

Durch dieses für mich nachhaltige Ereignis (bis heute sieht man die eingedrückte Zahnspur an meinem Unterschenkel) konnte ich mir einen neuen Anzug kaufen, den ich dann auch bei meiner „Sup auspiciis Promotion" im November 1985 trug.

Zum Autor
Univ.-Prof. DI Dr. Dr. Konrad Bergmeister M. Sc.

Studium des Bauingenieurwesens, der Volkskunde, Kunstgeschichte, Baukunst-Baudenkmalpflege und Philosophie an der Leopold-Franzens-Universität Innsbruck.
Fachbereiche der Promotion: Volkskunde und Bauingenieurwesen
Titel der Dissertationen: *Volkstümliches Bauen und Wohnen im Unteren Pustertal – Südtirol; Stochastik in der Befestigungstechnik mit realistischen Einflußgrößen*
Zurzeit tätig als Präsident der Freien Universität Bozen, Vorstand der Brenner-Basis-Tunnel-SE und Präsident der Stiftung Südtiroler Sparkasse.

Doch nicht sub auspiciis

Karlheinz Töchterle

Mein Vater (geb. 1918) war Schmied und weitab von allem Akademischen, dennoch wusste er von der Promotion unter den Auspizien des Bundespräsidenten und erzählte mir schon in der Volksschule davon. Ich hatte immer beste Zeugnisse und während der gesamten Gymnasialzeit, die ich im humanistischen Gymnasium der Franziskaner in Hall absolvierte, einen sogenannten „Vorzug". Mein Vater träumte wohl immer von einer solchen Promotion für seinen Sohn, den Musterschüler, ich hingegen hatte dieses Ziel nie wirklich im Auge, bis ich meine Doktorarbeit begann und mein Doktorvater meine diesbezügliche Chance konstatierte. Da kündigte er auch gleich etwas großspurig an, durch entsprechende Informationen an die als Prüfer vorgesehenen Kollegen der Sache etwas nachzuhelfen.

Er selber erwies sich allerdings dann als der erste Hemmschuh auf dem Weg zum Präsidentenring. Als sein Assistent hatte ich Zugang zu seinem Arbeitszimmer und sah, dass meine ihm vor dem Sommer überreichte Dissertation über Monate unberührt und also ungelesen blieb. Deshalb hatte ich auch ein etwas flaues Gefühl, als er sie mir im Herbst mit dem Auftrag zurückgab, ich könne sie nun kopieren und die nötigen Exemplare binden lassen. Das gebundene Exemplar bequemte er sich dann doch zu lesen, und mein Gefühl erwies sich als berechtigt: Er fand einen Aspekt zu wenig berücksichtigt und verlangte dessen ausgiebige Einarbeitung. Das bedeutete nicht nur, alle gebundenen Exemplare wieder aufzubrechen, sondern – in vordigitalen Zeiten – ab der Einfügung etwa in der Mitte des Textes alles, also über hundert Seiten, neu zu tippen; änderten sich doch Umbruch, Seitenzahlen, Fußnoten und Literaturverzeichnis, und das alles in der Zeit, die ich zur Vorbereitung auf die Rigorosen verplant hatte. Nach kurzem Kampf entschloss ich mich, nicht schon jetzt auf ein „ausgezeichnet" und damit auf den Bundespräsidenten zu verzichten und mir diesen Tort anzutun. Meine Frau, auf der Schreibmaschine sehr flink, half mir dabei erheblich.

Die nächste Schwierigkeit tat sich mit der Fixierung eines Termins für das Hauptrigorosum auf, das zwei Stunden dauerte und von drei Prüfern abgenommen wurde. Alle drei Herren waren (genauer: nahmen sich) überaus wichtig, und der kleine Assistent als Bittsteller brachte nur mit Mühe einen gemeinsamen Termin zustande, der noch dazu durch heftig einsetzenden Schneefall (im Dezember!) gefährdet wurde, weil einer der drei über den Brenner und einer aus dem Unterinntal anzureisen gedachten. Die Prüfung verlief beim Betreuer und einem weiteren Prüfer problemlos. Sie hielten sich an die vereinbarten Stoffgebiete, die ich genauestens vorbereitet hatte. Der dritte allerdings tat dies keineswegs, weshalb hier meine Antworten holpriger und spärlicher ausfielen. So reichte es letztlich nur zu einem „ausgezeichnet (mehrstimmig)", was das Scheitern des ehrgeizigen Projekts bedeutete. Auch die philosophischen Rigorosen erbrachten dieses (ungenügende!) Ergebnis, aber das war angesichts des Vorausgegangenen und meiner Enttäuschung darob dann ohnehin bedeutungslos.

Die Frage, ob die Missachtung der Vereinbarungen seitens dieses Prüfers auf Böswilligkeit oder nur auf Zerstreutheit zurückzuführen war, kann ich bis heute nicht beantworten. Ich hatte mit ihm noch Jahrzehnte recht engen Kontakt, und zwei Mal zeigte er Reaktionen: einmal knapp nach der Prüfung, als er mir zu Weihnachten einen wertvollen Bildband zu einem Fachthema mit einem langen, erklärenden Begleitbrief schickte, der eher auf Zerstreutheit oder Unachtsamkeit als Ursache schließen ließ; ein zweites Mal, viele Jahre später, bei einer Geburtstagsfeier für ihn, wo er es eher als einen Fehltritt hinstellte, den er bereue. Ein Motiv nannte er nicht, nahe lag immer sein überaus belastetes Verhältnis zu seinem Kollegen, der mein Betreuer gewesen war.

Mein Schmerz hielt sich von Anfang an in Grenzen, am meisten leid tat mir die Enttäuschung meines Vaters, der für meine Bildungslaufbahn selbst sehr große Entbehrungen auf sich genommen und die Erfolge seines Sohnes immer mit großem Stolz begleitet hatte. Ich selber war erstens froh, den Berg des Doktorats überhaupt bewältigt zu haben, und hatte zweitens zu solchen Äußerlichkeiten immer schon eine ambivalente Einstellung. Eine Narbe blieb allerdings doch, an der manchmal noch geritzt wurde, etwa, wenn ich später solche Anlässe mitfeiern durfte (bei Studierenden sowie Freunden) bzw. musste (in offizieller Funktion, z. B. als Rektor). Ich spürte sie auch noch, als ich in meiner Ministerschaft das sechzigjährige Bestehen dieser Einrichtung (in der Kaiserzeit gab es eine Vorläuferin) mitfeierte und wir sogar nach einem künstlerischen Ideenwettbewerb bei einem prominenten Wiener Juwelier einen neuen Ring in Auftrag gaben. Am meisten tröstete mich damals, dass ich mit einem Ensemble der Wiener Philharmoniker ein recht anspruchsvolles Arrangement des Gaudeamus auf der Trompete mitspielen durfte. Die iucunditas iuventutis war inzwischen zwar der molestia senectutis gewichen, aber so eine Gelegenheit hat man eben nicht oft.

Zum Autor
Univ.-Prof. Mag. Dr. Karlheinz Töchterle

Studium der Klassischen Philologie sowie Deutsch und Latein (Lehramt) an der Leopold-Franzens-Universität Innsbruck.
Fachbereich der Promotion: Klassische Philologie
Titel der Dissertation: *Ciceros Staatsschrift im Unterricht. Eine historische und systematische Analyse ihrer Behandlung an den Schulen Österreichs und Deutschlands*
Zurzeit tätig als Abgeordneter zum Österreichischen Nationalrat, Wissenschaftssprecher der ÖVP, Univ.-Prof. am Institut für Sprachen und Literaturen der Leopold-Franzens-Universität Innsbruck.

Zu den Mythen, Tücken und Heiterkeiten des Wissenschaftsbetriebs

Über Halbgötter, VIPs und Steinigungen
Oder: Wie mich mein PhD von allen Illusionen befreite

Michael Brandmayr

Der Student schwitzte. Er stand in leicht gebeugter Haltung direkt vor mir und schaute mich mit einem unterwürfigen Blick an. Und er sprach: „Herr Professor, dürfte ich Sie bitte etwas fragen?" – „Meine Güte", dachte ich. An diese Devotheit von Studierenden habe ich mich auch nach vier Jahren, seit die Universität meine Dienste käuflich in Anspruch nimmt, nicht gewöhnen können. Was glauben diese Leute, wer ich bin?

Wer ich bin, zumindest meiner eigenen Einschätzung nach, ist absolut niemand, dem man mit übertriebenem Respekt begegnen muss. Nicht nur, weil ich erst 28 bin, immer noch in einer WG wohne und bei allen Gelegenheiten versuche, mir eine Studentenermäßigung zu erschwindeln, sondern auch, weil ich in meinen Seminaren sogar darauf Wert lege, nicht wie ein alter Spießer im Körper eines jungen Mannes zu erscheinen. Und wenn jemand mit mir spricht wie dieser Student neulich, fühle ich mich einfach komisch.

Das passiert mir aber dauernd. Daher habe ich dem Studenten Folgendes geantwortet: „Klar darfst du mich alles fragen. Aber zuerst frage ich dich noch etwas: Redest du immer so? Also mit deiner Freundin oder mit deinen Kumpeln in einer Bar?" Natürlich tat er das nicht. „Aber ich sagte doch in der ersten Einheit, dass wir per Du sind und dass man immer alles fragen darf – warum dann diese Förmlichkeit?" Naja, meinte er dann, das wisse er schon noch und er fände das auch total fein so, aber er sei eben gewohnt, dass an der Universität ein solcher Umgang gepflegt würde.

Ich kann mich noch sehr gut erinnern, dass es mir in meiner Anfangszeit an der Uni ebenso ging. Meine Dozenten hielt ich allesamt für Halbgötter, fachliche wie menschliche Vorbilder, durch und durch. Die Uni schien die real gewordene Utopie einer besseren Gesellschaft, in der sich Menschen rein auf Basis von Vernunft und Verstand verhalten würden – und demzufolge zugleich moralisch korrekt. Dieses Bild wurde jäh zerstört, als bei einer Institutsfeierlichkeit ein Dozent voller

Wut und voller Alkohol seine Faust in eine Wand rammte, als Deutschland gegen Italien bei der EM 2012 ausschied; oder als eine Dozentin meinte, im Rahmen eines Seminars mit dem Titel „Theorie des Vergnügens" einen Porno abzuspielen. Es hielt also nicht lange. Okay, dachte ich nach meinem ersten Abschluss: Die Menschen sind vielleicht keine Halbgötter, aber sie sind alle verdammt schlau und ziemlich gebildet. Und die Wissenschaft? Die erst recht, die ist rein, objektiv, klar und zugleich wahnsinnig faszinierend. Davon wollen wir mehr. Also ab zur Inskriptionsstelle für den PhD.

Szenenwechsel: Bei einer Klausur unserer Fakultät bekamen wir die Aufgabe, über unsere Visionen für ebendiese auf kleine Flipchartzettel zu schreiben. Ich beuge mich zu einer Kollegin, von der ich glaube, sie habe Humor, und sage zu ihr: „Du bekommst von mir einen Zehner, wenn du da drauf schreibst: ‚Wer Visionen hat, braucht einen Arzt'". Sie schaut mich etwas verdutzt an und versteht die Anspielung offenbar nicht. „Weißt eh, ich mein' dieses lustige Zitat, das Franz Vranitzky gesagt haben soll." Sie schaut mich noch ungläubiger an und fragt: „Wer ist Franz Vranitzky?" Jetzt schaute ich ungläubig: „Echt jetzt? Der war mal Bundeskanzler." Ich war ehrlich schockiert, weil ich dachte, das gehört zumindest unter Akademikerinnen und Akademikern zur Allgemeinbildung, da müsse man zumindest ein bisschen politisch informiert sein. Später aber, nach einigen Drinks, erklärte mir meine Kollegin, Politik sei für sie eigentlich kein Thema, sie gehe nicht zur Wahl und Politikerinnen und Politiker machten sowieso, was sie wollen. Das war deshalb besonders verstörend, weil sie kurze Zeit später beschloss, ihre PhD-Arbeit über Macht und Ohnmacht in pädagogischen Verhältnissen zu schreiben.

Da merkte ich, dass das Verhältnis zwischen Theorie und der eigenen Praxis wohl etwas komplizierter war, als ich dachte. Wobei, nicht unbedingt kompliziert, nur weniger konsistent, weniger reale Utopie. Das war aber nicht das einzige Feld, in dem das Theorie–Praxis-Verhältnis weit hinter die eigenen wissenschaftlichen Ansprüche zurückfiel. Etwas später nach dieser Phase wurde ich dazu vergattert, bei der Organisation eines Kongresses mitzuhelfen. Wer teilnehmen wollte, musste ein Abstract zu seinem Poster oder Vortrag einreichen und davon wurde im Double-Blind-Verfahren eine Review erstellt. Als Verantwortlicher konnte ich im Online-Tool alle Einreichenden und ihre Reviews anschauen. Von dieser Möglichkeit habe ich intensiv Gebrauch gemacht und festgestellt, dass das wohl nicht für alle galt – der Hauptverantwortliche hatte ein paar Teilnehmerinnen und Teilnehmer seines Vertrauens einfach direkt bestätigt, ohne dass diese überhaupt ein Abstract geschrieben hatten.

Nun musste ich am zweiten Tag des Kongresses ein Panel moderieren, bei denen zwei dieser VIPs auch vortragen sollten. Sie waren zumindest am ersten Tag nicht erschienen (das wusste ich, weil ich nach dem ersten Tag aus allen übrig gebliebenen Kongressmappen die beigelegten Süßigkeiten geklaut hatte) und daher fragte ich zu Beginn des Panels, ob die beiden Damen inzwischen anwesend waren – sie waren es nicht. Daher bekamen die übrigen Vortragenden mehr Zeit und alles schien zu passen. Nach etwas über einer halben Stunde betraten zwei Damen den Raum, nichts Ungewöhnliches. Jedoch kam eine der beiden nach etwas über eine Stunde zu mir und fragte mich, wann sie denn mit ihrem Vortrag drankämen. Ich blickte sie an und sagte, in diesem Panel wohl eher nicht mehr. Doch auch in der Wissenschaft sind Kontakte kein Nachteil. Beim darauf folgenden Panel war sie einfach trotzdem dabei, alles kein Problem.

Ich habe drei Semester meines PhDs in Wien absolviert. Auch dort ist mir das Phänomen der Kontakte begegnet, und zwar bei der „Fakultätsöffentlichen Exposépräsentation" und auf andere Weise. Diese Zeremonie ist quasi ein öffentliches Tribunal, bei dem man sein Exposé präsentiert, und das laut Studienplan innerhalb des ersten Jahres gemacht werden soll. Da aber 80 % der Präsentierenden öffentlich gesteinigt werden, machen das die meisten kurz vor ihrem Rigorosum, da praktisch Ähnliches verlangt wird. Auch ich ließ mich steinigen, und meine Steinigung war besonders deshalb willkürlich, da die Steine eigentlich meinen früheren Betreuer treffen sollten, und zu diesem Zweck auf mich als „seinen" Schützling geworfen wurden. Er hatte sich unbeliebt gemacht (warum weiß ich nicht mehr), und mein Exposé wurde mit dem Argument zurückgeworfen, ich hätte keine Forschungsfrage (ich hatte zu diesem Zeitpunkt aber schon knapp 100 Seiten geschrieben). Daraufhin betrat ich die Uni Wien nie wieder und wechselte nach Innsbruck zurück. Denn in Innsbruck passiert höchstens das Gegenteil. Eine andere Kollegin unseres Instituts wurde von ihrem Betreuer faktisch genötigt, ihre Dissertation abzugeben. Ihr Einwand, diese sei noch nicht fertig, wurde mit dem Argument „ist mir wurscht" quittiert. Sie bekam sogar ein Sehr Gut.

Irgendwann merkte ich also eines: Wissenschaft und ihre Praxis an Universitäten sind mitunter zwei sehr verschiedene Paar Schuhe. Die Wissenschaft – wenn sie denn als Ding an sich existieren sollte – ist vielleicht tatsächlich rein, objektiv und unbestechlich. Aber ihre Anwendung ist oft etwas random. Und das ist letztlich auch der Grund, warum Unis eine Kultur der Devotheit und der scheinbaren intellektuellen Überlegenheit pflegen und erhalten müssen – in viel zu vielen Fällen ist der Kaiser in Wahrheit nackt. Und dann darf man noch etwas nicht vergessen: Das elitäre Bildungsverständnis und das Prestige, das mit der Anstellung an einer Universität verbunden ist, ziehen einen eigenen Schlag Menschen magisch an, der sich erstaunlich oft durchsetzen kann und sogar Leitungspositionen erreicht.

Ihre gnadenlose Selbstüberschätzung, ihre Lust am Dozieren und Belehren, ihr Spiel mit der Hierarchie und der ermöglichten fachlichen Deutungshoheit werden durch die akademische Kultur der scheinbaren intellektuellen Überlegenheit legitimiert. Es fällt nicht als unpassende narzisstische Inszenierung auf: Angeberei und Überkompliziertheit werden selbst zur Norm erhoben.

Wenn du dich also für einen PhD interessierst, gebe ich dir aus eigener Erfahrung mit, wie wichtig Ironie ist. Wenn man keinen ironischen Umgang mit der wissenschaftlichen Praxis pflegt, wenn man sich oder sein Tun zu ernst nimmt, dann endet das meistens in einem fatalen Egotrip. Ein PhD ist in meinen Augen nicht viel anderes als der Nachweis, dass man die speziellen Regeln einer Universität verstanden und das Spiel lange genug mitgespielt hat. Ein herausragender Geist ist für den Erwerb eines PhDs nicht zwingend erforderlich.

Dass auch ich nicht viel intelligenter geworden bin, sieht man daran, dass ich dir trotz dieser desillusionierenden Erfahrungen immer noch dazu raten würde, einen PhD zu machen. Wenn auch das ganze Rundherum nur Show und der PhD letztlich ein bedrucktes Blatt Papier ist, das ich mir persönlich auf meinem Klo aufhängen werde, ist das Schreiben der Arbeit selbst toll. Das Rundherum musst du einfach ausblenden: Nicht zu viel Ehrfurcht vor den Profs und nicht jede Kritik allzu ernst nehmen. Ein PhD-Studium ist von dem her ein bisschen wie ein Besuch bei Verwandten: Da gibt's merkwürdige Rituale, Momente peinlicher Selbstinszenierung, jeder gibt mit sich selbst und seinen Kindern an und spendet dir ungefragt seinen Senf zu deinen Angelegenheiten. Egal, dafür gibt's meistens gutes Essen und Alkohol. Nimm dir raus, was du brauchst. Halbgötter gibt's nur im Kino.

Zum Autor
Mag. Michael Brandmayr PhD

Studium der Erziehungs- und Bildungswissenschaften an der Leopold-Franzens-Universität Innsbruck und an der Universität Wien.
Fachbereich der Promotion: Bildungswissenschaften
Titel der Dissertation: *Dispositive idealen Lernens. Analyse der Formierung schulischer Lernprozesse in der Spätmoderne unter ideologiekritischen Aspekten*
Zurzeit beschäftigt als Erzieher im Kinderzentrum Pechegarten der Innsbrucker Sozialen Dienste.

Die letzte Silbe

Ariane de Waal

In meinem Promotionsprojekt zu Subjektpositionen im britischen Theater der ‚War on Terror'-Dekade setzte ich mich vor allem mit Subjektivität und Identität auseinander. Das Erste, was ich im Rahmen meiner Doktorarbeit gelernt habe, war, mich selbst als intersektional positioniertes Subjekt zu begreifen. Das bedeutet, jede Identität als instabiles Ergebnis verschiedenster beweglicher Schnittstellen und Überschneidungen zu sehen. Ich begann beispielsweise, mich als junge, westeuropäische Wissenschaftlerin aus der weißen Mittelschicht zu verstehen. Die Betonung hier liegt auf der letzten Silbe der Wissenschaftlerin, denn auch wenn beinahe alle Komponenten meiner Identität ein denkbar privilegiertes Subjekt aus mir machen, nährte sich bald der Verdacht, dass die letzte Silbe mitunter das letzte Wort hat in Zusammentreffen und Zusammenstößen, die mich zu einer intensiveren Auseinandersetzung damit veranlassten, was es bedeutet, Anglistin zu sein. Der unsanfte Sprung von der Theorie in die Praxis ereignete sich gleich zu Beginn meiner Promotionsphase, als ich mich auf einem ‚Doktorandenforum' in Düsseldorf wiederfand. Die Stiftung, von der ich ein Stipendium erhielt, lud alle Promovierenden aus kulturwissenschaftlichen Fächern zum Austausch ein. Meinen Vorbehalten gegenüber Elitebildung zum Trotz, gestaltete sich dieser Austausch durchaus kontrovers, anregend und aufregend. Zu später Stunde wurden Gleichgesinnte gesucht und gefunden, oder vielleicht wurden die Teilnehmenden auch gleichgesinnter je später die Stunde wurde. Jedenfalls traf ich auf eine Historikerin aus dem Bereich der Gender Studies und einen Kulturwissenschaftler aus der Museumsforschung, und es wurde beschlossen, dass die Betitelung der Veranstaltung, auf der wir uns befanden, gendertechnisch höchst museal war, angesichts der progressiven Gedanken, die wir auf derselben auszutauschen glaubten. Das ‚Doktorandenforum' ließe sich, kurzum und kurzerhand, umbenennen. Nur wie?

Ein halbes Jahr später, auf dem nächsten ‚Doktorandenforum' in Berlin, das immer noch so hieß, formierten wir uns als Arbeitsgruppe

„Gender und soziale Gerechtigkeit" und diskutierten die Aufnahmebedingungen, Gesprächskultur und Diversität in der Stiftung. Dass Sprache die Wirklichkeit nicht bloß abbildet, sondern soziale Realität konstruiert, hatten wir in unserer Forschung zuhauf gelesen. So schlugen wir vor, klein anzufangen und das ‚Doktorandenforum' umzubenennen, um zumindest auf der Veranstaltung, auf der wir uns nun befanden, mehr Inklusion zu erwirken. Der Vorstoß traf jedoch auf wenig Akzeptanz seitens der erlesenen Gruppe an Promovierenden. Diese hätten, so wurde uns entgegnet, wichtigere Probleme, fühlten sich ohnehin – ungeachtet ihrer geschlechtlichen Zugehörigkeit – auf dem ‚Doktorandenforum' willkommen und zeigten sich mit allen improvisierten Alternativvorschlägen zur Umbenennung höchst unzufrieden. Während der sprachliche Ausschluss der Doktorandinnen, die nun auch – von allen Seiten des intersektionalen Spektrums – in der Diskussion übertönt und ausgepfiffen wurden, als wenig problematisch angesehen wurde, gab es allerhand Bedenken angesichts der linguistischen Korrektheit solcher Alternativen wie ‚Promovierendenforum'. Schließlich promovieren wir nicht, wir werden promoviert, ließen wir uns belehren. Den vorsichtigen Vorschlag seitens eines Referenten der Stiftung, man könne sich vielleicht auf die Bezeichnung ‚Promotionsforum' einigen, hörte zu diesem Zeitpunkt niemand mehr.

Drei ‚Doktorandenforen', zwei Arbeitskreise und eine Förderungshöchstdauer später, hieß die Veranstaltung noch immer, wie sie eben hieß, und ich hatte wieder etwas gelernt. Dass man progressiven (Sprach-)Wandel nicht zwingend von unten oder basisdemokratisch erwirken kann, und dass ich als Wissenschaftlerin besonders darauf achten muss, mich nicht zu sehr zu ereifern. Wer mit der letzten Silbe das letzte Wort haben will, braucht manchmal ein dickeres Fell als jenes, das mir zu diesem Zeitpunkt erst zu wachsen begann.

Zur Autorin
Dr.[in] **ARIANE DE WAAL M. A.**

Studium der Anglistik, Amerikanistik und Theaterwissenschaft an der Ruhr-Universität Bochum, University of Hull und University of Oklahoma.
Fachbereich der Promotion: Anglistik
Titel der Dissertation: *Theatre on Terror: Subject Positions at the Home/Front of British Drama*
Zurzeit tätig als Universitätsassistentin (Post-Doc) im Bereich Literatur- und Kulturwissenschaft, Institut für Anglistik an der Leopold-Franzens-Universität Innsbruck.

Eine Bahnfahrt, die ist lustig ...

Grit Alter

Bei den ersten Konferenzen, auf denen man sein Forschungsprojekt vorstellt, geht es jungen Wissenschaftlerinnen und Wissenschaftlern aufregungstechnisch wahrscheinlich so wie einem Barca-Anhänger vor dem Classico. Der Text wurde etliche Male durchgesprochen und von Kolleginnen und Kollegen in Grund und Boden gefeedbackt und um- und neu geschrieben. Die Präsentation wurde umgestellt, angepasst, neu entworfen und letztendlich gelöscht, um bei null zu beginnen und alles viel besser und endlich gut zu machen. Und von der Konferenzausstattung ganz zu schweigen. Da gibt es nicht nur das neue Business-Outfit, sondern auch eine neue Frisur, um optisch was herzumachen; und eine neue Tasche für die Notizen und das viele Material (aka Werbung) der Konferenzmappe. Nach der Anmeldung wird dann das Namensschild stolz ans Revers geheftet (Zum Glück sparten die Organisatoren nicht am falschen Ende und haben die Namensschildhalterungen mit diesen Knipsdingern gekauft, denn mit der Nadel könnte es ja Löcher im neuen Outfit geben – besser nicht, ging ja knapp die Hälfte des Gehalts der 49%-Stelle als wissenschaftliche Mitarbeiterin auf unterster Gehaltsstufe dafür drauf.). Damals war man selbst auf den Smalltalk für die Kaffeepause inhaltlich vorbereitet. Welche Professorinnen und Professoren sind da? Was sind deren Schwerpunkte? Wie stell' ich mich vor? Was mach' ich hier überhaupt...

Nach drei, vier Jahren Erfahrung sieht das etwas anders aus. Da versucht man zwischen der Lehre und dem eigentlichen Fokus der Doktorarbeit (Wann hab' ich da eigentlich zum letzten Mal überhaupt den Ordner geöffnet?), zwischen Klausuren, Korrekturen und Verwaltungsaufgaben, eine alte Idee neu zu verpacken, und bastelt aus alten Präsentationen zumindest mal schnell das Gerüst für den Vortrag ... kann ja dann auf der Bahnfahrt noch in Form gebracht werden. Und wenn erstmal die Power Point steht, dann kommt der Text hoffentlich wie von selbst. Immerhin ist es ja nicht das erste Mal, dass man vor einem Fachpublikum vorträgt. Also, Bücher eingepackt, Laptop mit den Vorträgen der letzten drei Jahre gefüttert und auf zum Bahnhof.

Zum Glück denkt der Kollege mit und steht dort schon mit zwei neudeutschen XXL-Coffee-to-go in der Eingangshalle des Bahnhofs – jetzt wird alles gut. Rein in den Zug und erstmal setzen, durchatmen und den neuesten Bürotratsch in Ruhe austauschen. Immerhin ist seit gestern Nachmittag schon wieder so viel passiert. Dann Liste machen, was man alles vergessen hat, nochmal nachschauen, wo man überhaupt hin muss und wo dann da in Bahnhofsnähe die Läden sind, in denen man die Liste abarbeiten kann. Nach gefühlten 200 Kilometern und etlichen Zwischenstopps geht der Laptop auf und wir lesen noch einmal gemeinsam den Call for Papers. Was hatte ich da genau eingeschickt? Ach ja, stimmt ja. Guck mal, ich bekomm' hier grad noch 'ne Mail von den Organisatoren. Oh nein, die ist gar nicht für mich. Oh Mann, schau mal, das ist wirklich nicht für mich!! Ist das gut, dass wir das alles bekommen haben? Hier hat wohl jemand auf „Allen antworten" geklickt ... böser Fehler. Ich hol' Kaffee, und dann machen wir es uns mit diesem E-Mail-Hin-und-her-Slapstick-Roman gemütlich!

Ups ... da war noch was, Thema und Fokus der Konferenz. Dieses Präsentationsgerüst sollte noch etwas aufgehübscht werden. Hm ... wenn man so Wörter aneinanderreiht, dann klingt das schon ziemlich intelligent. In einer eher befreiten Lautstärke werfen wir uns nun Fremdwörter entgegen, fischen die ganz besonderen heraus und fügen sie in die Präsentation ein. Klingt gut soweit, hör mal zu, versteht man das: „..." Nee, ehrlich gesagt, nicht. Na ja, so im Groben schon, egal, fragt schon eh niemand nach. Also sitzen wir in diesem Waggon im Zug und lachen über unsere Spontanität, was das Entwerfen von Präsentationen angeht, und die vielen großen Wörter, die wir mit großer Kreativität in unsere Vorträge einstreuen, und haben ziemlich gute Präkonferenzlaune.

Bis dann unser Bahnhof kommt, umsteigen irgendwo im Nirgendwo. Und dann stehen um uns rum noch andere auf, sammeln ihre Sachen zusammen und gehen zur Tür. Die eine grinst so, der andere scheint, als würde er mich ansprechen wollen. Wir kichern weiter über unsere Vorträge, die Konferenz und die Welt und stehen auf dem Bahnsteig. „Na, wollt ihr auch zu der Konferenz?" – Ab da war es dann vorbei mit unserer guten Laune. Die Einzelmenschen werden zu einer Gruppe, mein Kollege und ich werden zu einer ganz leisen Zweiergruppe, die gerade nichts in der Welt interessanter findet als das Farbenspiel des Musters im Betonboden unter unseren Schuhen. Während die Gruppe beginnt, über das Programm zu reden, durchlebe ich die letzten zwei Stunden Bahnfahrt in allen Facetten und rede mir ein, dass sicher niemand unser Gespräch mitverfolgt hat. So richtig funktioniert das nicht. Bei meinem Kollegen funktioniert der Versuch, sein Lachen zu unterdrücken ebenso wenig. Auch ihm scheint bewusst zu werden, in welcher Situation wir hier grad stehen und wer jetzt den Slapstick auf seiner Seite hat. Wir müssen jetzt unbedingt Blickkontakt vermeiden, denn ich merke, dass ich mich von dem unterdrückten Lachen meines Kollegen anstecken lasse. Und wir wissen ja alle, was aus so einem unterdrückten Lachen wird: Alles, nur nichts Unterdrücktes.

Wir waren nicht allein.

In den vergangenen zwei Stunden, in denen wir uns so köstlich über unsere Fähigkeit, spontan zu intellektuellen Höchstleistungen aufzusteigen, amüsierten, waren wir nicht alleine. Klar, da waren andere im Zug. Aber diese anderen, und das wird uns nun peinlich bewusst, haben dasselbe Ziel wie wir. Nichtsahnend haben wir unsere Lautstärke eigentlich auch eher oberflächlich den Umständen angepasst. Hm … blöd gelaufen. Auf jeden Fall haben wir schon viel gelernt, bevor die Konferenz überhaupt anfing: Besser leise sprechen. Und eventuell doch schon ein oder zwei Tage eher mit den Vorbereitungen beginnen.

Übrigens ging am Ende alles gut, natürlich. Mit der Erfahrung kommt eben nicht nur die nötige Gelassenheit, sondern man kennt auch den wissenschaftlichen Diskurs, in dem man sich bewegt, ist offen für Nachfragen und kann gut darauf reagieren und sich an Diskussionen beteiligen. Konferenzen dienen auf der einen Seite dem Austausch über neue wissenschaftliche Entwicklungen, neue Konzepte und Ideen. Auf der anderen Seite dienen sie auch dazu, Kontakte zu knüpfen und sich mit Kollegen zu vernetzen. Wir haben bei dieser Konferenz in allen diesen Bereichen dazugelernt. Vor allem auch, dass das mit dem Vernetzen schon während der Anreise beginnen kann, wenn man einen Blick für weitere Mitreisende mit demselben Ziel hat …

Zur Autorin
Mag.ª Dr.ⁱⁿ GRIT ALTER

Studium der Anglistik und Philosophie (Lehramt) an der Ernst-Moritz-Arndt-Universität Greifswald.
Fachbereich der Promotion: Englische Fachdidaktik
Titel der Dissertation: *Inter- and Transcultural Learning in the Context of Canadian Young Adult Fiction*
Zurzeit tätig als wissenschaftliche Mitarbeiterin (Post-doc) an der School of Education, Institut für Fachdidaktik, Bereich Didaktik der Sprachen an der Leopold-Franzens-Universität Innsbruck.

Meine Promotion – eine persönlich-fachliche Richtungsentscheidung

Susanne Elsen

Das Alter einer typischen Doktorandin hatte ich bereits damals überschritten, und die Vorstellung einer akademischen Karriere an der Universität hatte ich mit meiner Kündigung eines „Traumjobs" an der Universität Trier nach einer nur sehr kurzen Zeit zugunsten von Erfahrungen im „richtigen Leben" sehr früh für mich abgewählt. Das „richtige Leben" bot sich mir zunächst in Form einer mehrjährigen Tätigkeit als Auslandsmitarbeiterin in einem Modellprojekt zur Entwicklung von neuen Formaten von Bildungsreisen für einen deutschen Konzern gemeinsam mit dem Studienkreis für Tourismus. Eine solche mehrjährige Auslandsarbeit ist ein einsames Geschäft, und zudem stellen sich in fremden Umwelten täglich grundsätzliche Fragen, bezogen auf Varianten des Lebens und Zusammenlebens, der Kultur, Wirtschaft und Gesellschaft.

Nachdem ich in meinem ersten Studium kein sonderliches Interesse oder Engagement an den Tag gelegt hatte, es „durchgezogen" habe um endlich machen zu können, was ich will, entwickelte ich in dieser Phase einen großen Hunger auf wissenschaftliche Erklärungen menschlichen Zusammenlebens und gesellschaftlicher Phänomene. In meinem Gepäck für jeweils mehrmonatige Aufenthalte im europäischen und außereuropäischen Ausland fanden sich sehr bald soziologische Grundlagentexte, die ich bis heute als entscheidende Hilfen für die Entschlüsselung sozialer Phänomene empfinde. Auch wenn ich im Ausland tätig und nur selten in Trier war, schrieb ich mich in das Studium der Soziologie und Volkswirtschaftslehre ein und nahm ohne spezifische Vorbereitung an Prüfungen teil, wenn es gerade terminlich passte. Alois Hahn und Roland Eckert, zwei motivierte und motivierende Professoren der Soziologie, kannten meine Situation und begleiteten meinen unstrukturierten Erkenntnishunger mit Interesse und Wohlwollen.

Es gibt zahlreiche Studien über „Expats" und die Gefahr der Vereinsamung und Wurzellosigkeit und ihrer Folgen. Tendenzen dazu habe ich glücklicherweise nach sieben Jahren bei mir gespürt. Es war nicht zuletzt die Anbindung an meine Heimatuniversität, die mir einen Weg zurück und eine gewisse Erdung ermöglichte. Ich bekam das Angebot, in einem universitären Modellprojekt zur integrativen Sanierung eines Stadtteils mit besonderem Entwicklungsbedarf (damals nannte man das aufgrund der kumulierenden Probleme „Sozialer Brennpunkt") zu arbeiten. Dieses Projekt hatte zwar ein Ziel, doch der Weg dorthin war nicht vorgezeichnet – und das war ein Glücksfall.

Ein eben solcher Glücksfall war die Leitung des Projektes durch Prof. Heinz Ries, einen kreativen und mutigen Schweizer Querdenker, mit dem der unklare Auftrag zu einer Vision und unsere Arbeit zu einer realen Utopie werden konnten. Nur mit ihm war es für mich auch vorstellbar, als begleitende, interdisziplinäre wissenschaftliche Reflexion und Vertiefung dieses Prozesses, ein Promotionsvorhaben zu starten. Keine rein akademische und rein disziplinäre Fragestellung und kein erneuter Arbeitsplatz an der Universität wären für mich akzeptabel gewesen, ebenso wenig wie eine wissenschaftliche Begleitung durch Professorinnen und Professoren, die in einer herkömmlichen Wissenschaftskultur verortet sind.

Ich werde an dieser Stelle nicht schildern, was dann in der Praxis passierte. Es hat den Stadtteil und mich und später auch die soziale Stadtentwicklung in Deutschland zutiefst verändert. Das Ergebnis war ein Modell der „Gemeinwesenökonomie" (so nannte ich es dann in meiner Promotion und Habilitation), bestehend aus selbstverwalteten genossenschaftlichen Wohnungen, eigenen Produktionsbetrieben sowie zahlreichen Einrichtungen der Bildung, Kultur und Beratung, die mit und für die benachteiligten Bewohnerinnen und Bewohner dieses Stadtteils schrittweise aufgebaut wurden.

Meine Promotionsarbeit fand im Wesentlichen parallel zu einer immer komplexeren und verantwortungsvolleren Tätigkeit in der Projektleitung (später zusätzlich im Wohnungsmanagement) am Abend zwischen 20.00 und 24.00 Uhr über ca. eineinhalb Jahre statt und kostete mich Urlaube und Wochenenden. Sie war aber getragen von einem unstillbaren Erkenntnisinteresse und einer Entdeckungsreise in historische und aktuelle Arbeiten der sozialen Stadtentwicklung, des Communitywork und der Kooperativökonomie. Es war erschreckend festzustellen, dass die gleichen Fragestellungen, die sich uns im Elendsquartier von Trier Nord stellten, und vergleichbare Antworten eines umfassenden, Sektor übergreifenden Handlungskonzeptes, 120 Jahre vorher die sozialreformerische Arbeit von Hull-House in Chicago geprägt haben. Es war befreiend, Konzepte und Modelle nicht primär profitorientierter Ökonomien kennenzulernen und das eigene

Handeln in diesen Traditionen verorten zu können. Wir erkannten, dass wir auf den Schultern von Riesen standen, die vor uns bereits vieles von dem, was wir dachten und taten, vorgedacht und vorgemacht hatten. Es war gleichzeitig erkennbar, dass es sich um Diskurse, Methoden, Konzepte und Praktiken handelt, die als gesellschaftliche Gegenentwürfe immer wieder zum Verschwinden aus dem historischen Gedächtnis und aus wissenschaftlichen Diskursen gebracht wurden.

Ich organisierte die ersten Tagungen zur „solidarischen Ökonomie" und lernte Pionierinnen und Pioniere dieser Ansätze, wie Luise Gubitzer, Rolf Schwendter, Eckart Pankoke, Adelheid Biesecker, Manfred-Max Neef, Isidor Wallimann, Hans Münckner, Christiane Busch-Lüty und viele andere kennen und nahm deren Sichtweisen und Erfahrungen als Beitrag zur eigenen Verortung dankbar an.

Ich konnte die Dissertation erfolgreich und nach weniger als zwei Jahren abschließen, was ich jedoch nicht als wichtigsten Erfolg für mich verbuchte. Ich hatte früh erkannt, dass soziale Innovationen, zentrale Diskurse und gesellschaftliche Strömungen nicht in Universitäten und in der akademischen Welt generiert, sondern dort oft erst mit erheblicher Verspätung, meist disziplinär reduziert und ohne erfahrungsbasierte Prüfung ankommen. Wichtiger war mir, dass ich mein Thema und meine Motivation für meine weitere praktische, methodologische und theoretische Weiterentwicklung sozial-ökologischer Ansätze in lokalen und regionalen Räumen gefunden habe – ein Themenkomplex, der mich bis heute sehr beschäftigt. Die Promotion hat mir die Tür geöffnet in Kontexte, in denen ich dieses Thema in Forschung, Lehre und Weiterbildung verbreiten und vertiefen kann. Was wir damals dachten und taten, was marginalisiert und abgewertet wurde von „dignitären Wissenschaftlern", nennt man heute Transdisziplinäre und Transformative Wissenschaft oder auch mode-2-research.

PhD-Studierende an unserer Universität arbeiten im Vergleich zu meiner Promotion und Habilitation unter vollkommen anderen Bedingungen. Fast alle erhalten ein existenzsicherndes Stipendium und zusätzlich Geld, um an internationalen Tagungen teilnehmen zu können. Sie studieren in einem strukturierten Programm und haben die Möglichkeit, sich, begleitet von zwei bis drei Tutorinnen und Tutoren, voll auf ihre Forschung zu konzentrieren. Ich stand dieser Form des Studiums auf der höchsten akademischen Stufe zunächst sehr skeptisch gegenüber. In meiner Rolle als Verantwortliche für das PhD-Programm unserer Fakultät sehe ich mittlerweile jedoch die großen Vorteile und stelle fest, dass Frauen und Männer mit zum Teil langjähriger beruflicher Erfahrung zurück an die Universität kommen, um so ihre eigene Praxis und die Institutionen, in denen sie arbeiten, zu verändern.

Zur Autorin
Univ.-Prof.ⁱⁿ Mag.^a Dr.ⁱⁿ SUSANNE ELSEN

Studium der Erziehungswissenschaft, Soziologie und Volkswirtschaftslehre an der Universität Trier.
Fachbereich der Promotion: Erziehungswissenschaft
Titel der Dissertation: *Gemeinwesenökonomie – eine Antwort auf Armut, Arbeitslosigkeit und soziale Ausgrenzung*
Zurzeit tätig als Universitätsprofessorin für Sozialwissenschaft an der Freien Universität Bozen.

War das eine Dissertation, oder war es keine?

Siegfried Baur

Über meine eigene Dissertation kann ich nicht mit absoluter Sicherheit berichten, da das Forschungsdoktorat (dottorato di ricerca) in Italien erst 1980 durch eine gesetzliche Maßnahme eingeführt und 1983 zum ersten Male aktiviert worden war. Ich habe noch, wie man das vor 1983 zumindest in Italien, aber auch in anderen europäischen Ländern tat, ganz einfach 1969 promoviert, mit einer Doktorarbeit und mit vergleichbaren Rigorosen. Auf meiner Promotionsurkunde steht daher auch „Dottore in Pedagogia"[1], nicht „Laurea[2] in Pedagogia" oder „Master in Pedagogia", wie dies nun nach dem Bologna-Prozess heißt.

An diese vielfältigen möglichen Verwicklungen und Bedrohungen dachte ich nicht, als ich mich 1994 entschied, einen Habilitationsantrag an das Institut für Erziehungswissenschaft der Alpen-Adria-Universität Klagenfurt zu stellen. Ausgehend von meinen langjährigen Erfahrungen in einer bis heute noch nicht geklärten Minderheits-/Mehrheitssituation[3], wie es Südtirol ist, wollte ich eine wissenschaft-

---

1 Doktorat in Pädagogik.
2 Schwierig zu übersetzender Begriff, auch wenn man dafür einfach Laureat sagen könnte. Aber was heißt das dann? Etymologisch betrachtet könnte man sagen, dass eine „laureata", ein „laureato" jemand ist, der oder dem man einen Lorbeerkranz auf den Kopf gesetzt hat. Und das war und ist ja eigentlich das Höchste: Lorbeerkranz auf dem Kopf, oder doch nicht? Denn in Wirklichkeit handelt es sich ja um einen Titel, der mit einer Magistra, einem Magister vergleichbar wäre. Auch sehr ehrenwert, aber eben nicht das Höchste.
3 Die deutsche Sprachgruppe ist ohne Zweifel eine Minderheit auf nationaler Ebene, aber die italienische Sprachgruppe beansprucht immer noch eine Minderheit, zumindest eine politische, in Südtirol zu sein. So gesehen, kann man eigentlich nur die Ladinerinnen und Ladiner als die „eigentliche" Minderheit bezeichnen, denn die anderen beiden Sprachgruppen sind auch irgendwie Mehrheiten, die deutschsprachigen Südtirolerinnen und Südtiroler in Südtirol und die italienischsprachigen Südtirolerinnen und Südtiroler eben in

liche Studie zu Nähe und Distanz machen, zu ihren Paradoxien und ihren Wirrungen, nicht nur mit einem qualitativen, sondern auch mit einem quantitativen Verfahren. Es war keine leichte und einfache Arbeit, da ich eine Befragung mit vielen Grund- und Mittelschülerinnen und -schülern und mit Schülerinnen und Schülern der Sekundarstufe II durchführte. Denn mitten im Forschungsprozess, so etwa um 1996, riskierte meine Arbeit von politischer Seite gestoppt zu werden. Ich hatte nämlich in einen Fragebogen, mit mehreren offenen und halboffenen Fragen, auch eine brenzlige Frage eingebaut: „Wen würdest Du neben Deinen Freunden und Freundinnen zu Deiner Geburtstagsfeier einladen: Ein italienisches Kind aus einem größeren benachbarten Ort, ein italienisches Kind aus Süditalien, das in Deinem Ort mit den Eltern in den Ferien ist, ein Roma-Kind aus einer benachbarten Roma-Siedlung?" Mehrere Lehrerinnen und Lehrer deutschsprachiger Schulen hatten sich beim zuständigen Landesrat für die deutsche Schule und deutsche Kultur beklagt und mich wegen Anstiftung zum „Rassismus" angeschwärzt. Glücklicherweise war die Erhebung fast abgeschlossen, die Wogen beruhigten sich bald, und ich durfte die Daten – allerdings ausschließlich für „wissenschaftliche Zwecke" – verwenden.[4]

Als ich mich im Jahre 2000, nach weiteren vier Jahren harter Arbeit und unter strenger freundschaftlicher Anleitung meines „Habil-Vaters" (Prof. Mag. Dr. Dietmar Larcher[5], der mich öfters in die „strenge Kammer" nach Wien und Mönichkirchen zitierte) an der Fakultät für Bildungswissenschaft in Klagenfurt habilitieren wollte, trat plötzlich die Frage auf, ob der Habilitierungsfreudige überhaupt die rechtlichen Voraussetzungen, nämlich ein Forschungsdoktorat, besäße.

Das ist das Schöne an der positiven, das heißt der von Menschen gemachten Gesetzgebung, dass sie eben nicht rückwirkend gelten kann, zumindest nicht in den allermeisten Fällen. Und das sah auch

(3) Italien. Viele Italienerinnen und Italiener ziehen die Bezeichnung „altoatesini" vor, übersetzt etwa „Hochetscher", nach dem Fluss Etsch, der am Reschenpass entspringt und bei Porto Fossone, südlich von Venedig, ins Adriatische Meer mündet.

4 Die Untersuchung war Teil einer von der Landesregierung in Auftrag gegebenen Studie über die Schwierigkeiten des Erlernens der jeweiligen Zweitsprache in Südtirol: Motivation und Kontakte (das war mein Forschungsschwerpunkt) und über mögliche didaktische Verbesserungen. Die Studie wurde nie veröffentlicht, mit Ausnahme der Daten, die ich in meiner Habilitationsschrift verwenden durfte.

5 Es besteht und bestand bei ihm niemals ein Zweifel hinsichtlich der Führungsberechtigung dieser Titel.

das österreichische zuständige Bundesministerium so, und auch der zuständige Dekan in Klagenfurt war schließlich der Meinung, dass ich eine der österreichischen Promotion vergleichbare „Promotion" hätte, ja in der Tat hatte.

Jedenfalls ist und war das ein steiniger juridischer Acker. Der beste Weg, sich eine Migräne oder zumindest starke Kopfschmerzen zuzuziehen, führt über eine Internetsuche über Studientitel in Europa. Es reicht auch schon eine Eingrenzung auf Italien und Österreich. Nach einigen Stunden zunehmend frustrierender Recherche zu den verschiedenen Studientiteln wäre ein langer Erholungsspaziergang angesagt. Manche würden wahrscheinlich eine Kneipe oder ein Wiener „Heurigen-Lokal" vorziehen. Denn im Internet gibt es eine verwirrende Menge von Abschlüssen, zu denen noch verschiedenste Titel kommen: Bachelors, Masters, vormals Magistertitel, von denen es einige Dutzende noch immer gibt, ebenso zahlreiche Diplome und viele andere süffisante Unterscheidungen, z. B. bei den Medizinabschlüssen. Und ein weiteres steiniges Kapitel wäre noch aufzuschlagen, nämlich die Führungsberechtigungen der jeweils unterschiedlichen akademischen Titel.

Jetzt habe ich doch sehr viel über meine Arbeit, oder was das immer war, geschrieben, die ich im Jahre 1969 an der Freien Universität Urbino eingereicht habe, deren Rektor damals seit Jahren Carlo Bo war, der im vergangenen Jahrhundert wohl bekannteste italienische Sprachforscher der spanischen und französischen Sprache. Meine Arbeit, oder vielleicht war es doch eine Dissertation, trug übrigens folgenden Titel: „Die Theorie der Erkenntnis in der Transzendentalphilosophie von Friedrich Wilhelm Joseph Schelling. Pädagogische Überlegungen zur Verknüpfung von Theorie und Praxis".

Das Schreiben dieser Anekdote, meine erinnerte Vergangenheit, hat mich dazu gebracht, dem Fließen der Erinnerungen nicht entgegen zu stehen, sondern einfach weiterzuschreiben. Angetrieben hat mich aber auch ein Stachel, der mir noch ganz leicht in der Ferse sitzt. Es ist die Vermutung, dass bei einigen akademischen Kollegen vielleicht doch noch ein Restzweifel geblieben ist, ob „der" (ich meine mich damit) nun tatsächlich promoviert ist oder nicht.

Der Schleier des Vergessens, oder müsste ich besser der Nachsicht schreiben, legt sich nun langsam über dieses wohl nie restlos zu klärende Problem, zumal ich schon seit fast 18 Monaten den verdienten, oder vielleicht doch nicht ganz verdienten akademischen, oder vielleicht auch nicht ganz berechtigten akademischen Ruhestand genieße.

Einige dieser Kollegen haben sich abgesichert und schnell noch in einer Art „Schnellsiedekurs", aber in einer voll und ganz legalen Weise, in 18 Monaten das „Doktorat", das ersehnte Höchste, den „wahren" Lorbeerkranz nachgeholt.

Manchmal, aber nur selten träume ich davon, wie schön es wäre, vor meinen Namen „BA. Mag. Master artium PhD Dr. Siegfried Lorbeerkranz" schreiben zu können.

Zum Autor
Univ.-Prof. Dr. SIEGFRIED BAUR

Studium der Pädagogik an an der Leopold-Franzens-Universität Innsbruck und der Universitá degli Studi di Urbino.
Fachbereich der Promotion: Pädagogik
Titel der Dissertation: *Die Theorie der Erkenntnis in der Transzendentalphilosophie von Friedrich Wilhelm Joseph Schelling. Pädagogische Überlegungen zur Verknüpfung von Theorie und Praxis*
Zurzeit tätig als ordentlicher Professor für Allgemeine Pädagogik und Sozialpädagogik an der Fakultät für Bildungswissenschaften der Freien Universität Bozen.

Das letzte Abenteuer der Zivilisation

Stefan Neuhaus

Der Titel stammt nicht von mir, in meiner Promotionsphase erschien ein Artikel in der Wochenzeitung „Die Zeit" (vom 25. März 1994, URL http://www.zeit.de/1994/13/is-was-doc), mit dem Titel: „Is' was, Doc? Das letzte Abenteuer der Zivilisation: Eine geisteswissenschaftliche Promotion" – und zwar genau einen Tag vor meinem 29. Geburtstag. Matthias Nöllke beschrieb auf sympathische Weise die Schwierigkeiten beim Verfassen einer Doktorarbeit, seine Bestandsaufnahme mündete in einen Satz, den ich immer wieder, nicht ganz im korrekten Wortlaut, aus dem Gedächtnis zitiere, wenn es um Abschlussarbeiten aller Art geht:

Eine geisteswissenschaftliche Dissertation wird „eigentlich nie fertig", sie wird „irgendwann einmal aufgegeben, vervielfältigt, gebunden und dann beim Promotionsausschuß in zweifacher Ausfertigung eingereicht".

Im ersten Teil des Titels wird zudem einer meiner Lieblingsfilme zitiert, „Is' was, Doc?" (1972), mit Barbra Streisand und Ryan O'Neal, eine herrlich schräge Komödie von Peter Bogdanovich, die lustvoll gegen viele damalige Klischees und Tabus verstieß. Das sollte, fand ich für mich heraus, auch für eine geisteswissenschaftliche Dissertation gelten, sie sollte lustvoll recherchiert und geschrieben und dabei in jeder Hinsicht originell sein. Meine eigene Dissertation würde ich eher als Bemühen um die Erfüllung von Standards ansehen, die ich gar nicht so genau kannte … Das Lustvolle lag aber schon im Lesen und Recherchieren, auch im Ausformulieren. Erst im Laufe meines akademischen Lebens bin ich dazu übergegangen, immer lustvoller bestimmte Themen zu wählen und Methoden oder Theorien, um mich mit ihnen zu beschäftigen. Lustvoll heißt, dass es mich selbst im Innersten angehen muss, ich muss und möchte etwas lernen, über die Welt und über mich selbst zugleich, vielleicht sogar zu gleichen Teilen.

Peter von Matt hat einmal – noch so ein für mich ganz wichtiges Zitat, aber ich weiß die genaue Quelle nicht mehr – in etwa gesagt: „Das Wichtigste ist Begeisterung." Die Lust an der wissenschaftlichen Beschäftigung mit Literatur (und damit auch immer mit der Welt und mit sich selbst), die Begeisterung an der Literatur (vor allem an Form und Stil, denn sie machen die Qualität von Texten aus, nicht der Inhalt!) weiterzugeben, war und ist vielleicht mein wichtigstes Ziel, auch und gerade in der Betreuung von Promovierenden. Dabei sind wunderbare Arbeiten entstanden, an denen ich den geringsten Anteil habe, ich hatte nur das Glück, dass die Autorinnen und Autoren dieser Arbeiten mich als Betreuer aussuchten, und ich kann nur hoffen, dass sie von mir ebenso viel haben lernen können wie ich von ihnen.

Um nur zwei Innsbrucker Arbeiten stellvertretend für andere (die mir bitte nicht böse sind, es ist nicht wertend gemeint, denn jede Arbeit ist auf ihre Weise einzigartig und wunderbar) zu nennen: Veronika Schuchter hat über „Textherrschaft" geschrieben und gezeigt, wie bestimmte, nach Judith Butler unhintergehbare Auffassungen von dem, was als ‚männlich' und ‚weiblich' gilt, in literarischen Texten konstruiert werden und wie dabei der herrschende Diskurs entweder gestützt oder subvertiert wird.

Gerhard Scholz hat, am Beispiel des Werks von Ernst Toller und mit der Diskursanalyse Foucaults, gezeigt, wie sich zu Tollers Zeit und seither zunehmend Biomacht darstellt, genauer: Wie Diskursmacht, man könnte als Hilfsbegriff auch sagen: strukturelle Macht, über Körper ausgeübt wird. Der Körper als Kreuzungspunkt von Machttechnologien – hier wäre auch eine Brücke zwischen den beiden Arbeiten, denn Macht wird über den weiblichen wie über den männlichen Körper ausgeübt. Dass es Männer genauso wie Frauen betrifft, ist angesichts der fortdauernden „männlichen Herrschaft" (Pierre Bourdieu) eine eher neuere Erkenntnis, weil sie nicht so dringend war und ist; aber heute sollte man sich darüber auch einmal Gedanken gemacht haben.

Hier also kommen des Pudels Kern und die Gretchenfrage: Wie funktioniert das? Nicht das WAS, sondern das WIE entscheidet, das kann man auch bei Luhmann nachlesen, wenn man dafür Gewährsleute benötigt (manchmal tut man das, weil das WAS so viel einfacher ist, dafür muss man viel weniger denken). In meiner Promotionsphase wusste ich das noch nicht so genau, und es hat mir auch keiner so deutlich gesagt, vielleicht möchte ich es deshalb hier so betonen – mit der 3. Ebene der Beobachtung (nach Luhmann) sieht man besser. Es kann nicht nur darum gehen, identifikatorisch teilzuhaben an etwas (Ebene der Beobachtung 1. Ordnung), auch reicht es nicht, sich in ein reflexives Verhältnis zu setzen, indem man etwas beschreibt (Ebene der Beobachtung 2. Ordnung), vielmehr geht es darum, sich selbst beim Beobachten zu beobachten.

Allerdings sollte man vielleicht vorher einige Warnschilder aufstellen, so wie im „Räuber Hotzenplotz", wenn Kasperl sich im Keller des Schlosses der Unke nähert: „Eintritt allerstrengstens verboten!!!!" Nur wer den Mut hat, Ver- oder Geboten nicht einfach zu folgen, sondern sie auf den Prüfstand zu stellen und nötigenfalls auch Türen zu öffnen, die eine oder einen nur von dem abhalten sollen, was wesentlich ist (weil es bestimmten Kreisen so in den Kram passt), der wird, wenn sie oder er Glück hat, mit sich eins sein, indem sie oder er sich in drei aufspaltet.

Eine idealistische Perspektive, und auch hier gilt, wieder aus eigener Erfahrung – der Weg ist das Ziel. Aber ist das bei Abenteuern nicht immer so?

Meine Promotionsphase endete, gemessen am üblichen Alltag, für mich abenteuerlich genug. Ich bekam für mich sehr überraschend eine Stelle als Pressesprecher und versprach, um sie antreten zu können, bis zum ersten Arbeitstag die Dissertation eingereicht zu haben. Die Zeit lief mir davon, am Montag früh um acht hatte ich im Rathaus zu sein, am Sonntag begann ich zu drucken, ausgerüstet mit einem Atari 1014st (damals hochmodern, aber nur mit Floppy Disc [Achtung: gegebenenfalls googeln], ohne Festplatte!) und einem HP-Tintenstrahldrucker, der aussah wie drei aufeinandergeschichtete Ziegelsteine, dessen kantige Größe für Zuverlässigkeit stand, aber nicht für eine Geschwindigkeit, wie sie später üblich wurde. Der Atari stürzte ständig ab, ich musste das Betriebssystem immer wieder neu von der Disc laden und dann die Dissertation dazu, um weiterdrucken zu können. Montag morgens um sechs war ich mit Drucken fertig, in meiner ersten Pause meines Arbeitslebens habe ich das Manuskript zur Druckerei gebracht, in der es vervielfältigt und gebunden wurde.

Ich habe mein Versprechen also nicht gehalten, oder nur, wenn man großzügig ein paar Stunden dazu rechnet. Gott sei Dank hat es niemand gemerkt … Aber ich glaube auch nicht, dass mein neuer Chef Anstoß genommen hätte, er hatte ein etwas gespaltenes Verhältnis zu Dissertationen (Bewunderung und Unverständnis, was die Bewunderung doch stark relativiert). Als Promovierter war und ist man für viele Menschen ein Alien, ein Wesen mit mindestens zwei Köpfen; aus einer nicht-akademischen Familie stammend, ist mir diese Erfahrung absolut geläufig. Auch daran muss und kann man sich gewöhnen. Abenteuer verändern den Menschen, ob das gut oder schlecht ist, kann man erst hinterher entscheiden. Kein Abenteuer ohne Risiko.

Zum Autor
Univ.-Prof. Mag. Dr. Dr. h. c. STEFAN NEUHAUS

Studium der Germanistik, Journalistik/Kommunikationswissenschaft und Politikwissenschaft an der Otto-Friedrich-Universität Bamberg und an der University of Leeds.
Fachbereich der Promotion: Neuere deutsche Literaturwissenschaft
Titel der Dissertation: *Freiheit, Ungleichheit, Selbstsucht? Fontane und Großbritannien*
Zurzeit tätig als Universitätsprofessor für Neuere deutsche Literatur an der Universität Koblenz-Landau, Campus Koblenz.

Die Autorinnen und Autoren

AGOSTINI Evi, Mag.[a.] PhD
evi.agostini@uibk.ac.at

ALTER Grit, Mag.[a.] Dr.[in]
grit.alter@uibk.ac.at

BAUER Reinhard, Mag. Dr.
reinhard.bauer@phwien.ac.at

BAUR Siegfried, Univ.-Prof. Dr.
siegfried.baur@unibz.it

BERGMEISTER Konrad, Univ.-Prof. DI Dr. Dr. M. Sc.
konrad.bergmeister@bbt-se.com

BÖHME Katja, M. A.
boehme@kunstakademie-muenster.de

BRANDMAYR Michael, Mag. PhD
michael.brandmayr@uibk.ac.at

DE WAAL Ariane, M. A., Dr.[in]
ariane.de-waal@uibk.ac.at

ELSEN Susanne, Univ.-Prof.[in] Mag.[a] Dr.[in]
susanne.elsen@unibz.it

FRITSCH-RÖSSLER Waltraud, Univ.-Prof.[in] Mag.[a] Dr.[in]
waltraud.fritsch-roessler@uibk.ac.at

GROSS Barbara, Mag.[a]
barbara.gross@education.unibz.it

GUMPITSCH Franz, Mag. (FH) Dr.
fgumpitsch@a1.net

HECHT Petra, Mag.[a] Dr.[in]
petra.hecht@ph-vorarlberg.ac.at

HELLING Kathrin, M. A.
mail@kathrinhelling.de

HEISS Hans, Dr.
h.heiss@grueneverdi.bz.it

KASTL Konrad, Dr. med.
kastl@hno-gilching.com

KIENPOINTNER Manfred, Univ.-Prof. Mag. Dr.
manfred.kienpointner@uibk.ac.at

KÖFFLER Nadja M., Mag.[a] PhD
nadja.koeffler@uibk.ac.at

LARCHER Dietmar, em. Univ.-Prof. Mag. Dr.
dietmar.larcher@gmail.com

LINTNER Claudia, Mag[a.] PhD
claudia.lintner2@unibz.it

LOHMANN Armin, Dr.
armin.lohmann@googlemail.com

MANFRIN Anna, Mag.[a]
annamanfrin@hotmail.com

NEUHAUS Stefan, Univ.-Prof. Mag. Dr. Dr. h. c.
neuhaus@uni-koblenz.de

OBERBICHLER Sarah, Mag.[a]
sarah.oberbichler@uibk.ac.at

PETERLINI Hans Karl, Univ.-Prof. Mag. Dr.
hanskarl.peterlini@aau.at

PLUNGER Cornelia, Mag.[a]
cornelia.plunger@aau.at

RÖSSLER Livia A. J., Mag.[a]
livia.roessler@uibk.ac.at

SCHMIED Claudia, Mag.[a] Dr.[in]
(ohne Angabe)

SOJER Claudia, Mag.ª Dr.ⁱⁿ
claudia.sojer@uibk.ac.at

SOJER Thomas, Mag.
thomas.sojer@uibk.ac.at

STÖGER Peter, Ao. Univ.-Prof. Dr. Dr. h. c.
peter.stöger@uibk.ac.at

TÖCHTERLE Karlheinz, Univ.-Prof. Mag. Dr.
karlheinz.toechterle@uibk.ac.at